北京教育学院中小学健康教育研究一级创新平台成果
北京市教育科学规划2017年度优先关注课题"学生健康素养评价与发展策略研究"
北京市2021年基础教育教学成果奖一等奖"基于健康素养的学校健康教育课程体系建构与实施"成果
全国教育科学规划办2017年度青年课题"健康中国背景下健康教育课程实践的问题及对策研究"成果

 大夏书系·课程建设

中小学健康教育
理论与实施策略

胡玉华 主编

华东师范大学出版社
全国百佳图书出版单位
·上海·

目 录
CONTENTS

前　言 　　　　　　　　　　　　　　　　　　　　　　　001

第一章　概　论

第一节　健康教育的概念　　　　　　　　　　　　　　　003
　　一、学校健康教育的内涵　　　　　　　　　　　　　004
　　二、学校健康教育的内容　　　　　　　　　　　　　005

第二节　中小学健康教育的目的和意义　　　　　　　　　009
　　一、中小学健康教育的目的　　　　　　　　　　　　010
　　二、中小学健康教育的意义　　　　　　　　　　　　011

第三节　中小学健康教育的现状　　　　　　　　　　　　012
　　一、中小学健康教育师资队伍情况　　　　　　　　　013
　　二、中小学健康教育课程设置情况　　　　　　　　　014
　　三、中小学健康教育教材建设情况　　　　　　　　　014
　　四、中小学健康教育效果评价情况　　　　　　　　　015

参考文献　　　　　　　　　　　　　　　　　　　　　　016

第二章　中小学健康教育的基本理念

第一节　发展学生健康素养　019
一、什么是健康素养　020
二、如何界定中小学生群体健康素养　025
三、怎样发展中小学生健康素养　027

第二节　提高学生生活技能　029
一、什么是生活技能　030
二、健康教育中的生活技能教育　031

第三节　培养学生社会责任感　034
一、社会责任感的内涵　034
二、社会责任感教育的目的　035
三、社会责任感教育的策略　036

参考文献　037

第三章　中小学健康教育的目标、任务和原则

第一节　中小学健康教育的目标　041
一、对学校健康教育目标的解读　041
二、中小学健康教育目标的实现　043

第二节　中小学健康教育的任务　046
一、中小学健康教育的背景　046
二、中小学健康教育的具体任务　046

第三节　中小学健康教育的原则　052
一、科学性与实效性相结合的原则　052
二、面向全体学生与关注个体差异相结合的原则　054

　　　　三、知识传授与技能培养相结合的原则　　056
　　　　四、个体健康责任与社会责任意识相结合的原则　　057
　参考文献　　059

第四章　中小学健康教育的主要内容

　第一节　个人卫生习惯　　063
　　　　一、什么是个人卫生习惯　　064
　　　　二、养成个人卫生习惯的重要性　　065
　　　　三、中小学个人卫生习惯的教育内容　　066

　第二节　生长发育与性健康　　073
　　　　一、什么是生长发育与性健康　　074
　　　　二、中小学生长发育与性健康的教育内容　　075

　第三节　营养与健康　　082
　　　　一、生活中常见的食物种类及营养　　082
　　　　二、科学膳食与营养均衡　　085
　　　　三、食品卫生与食品安全　　089

　第四节　疾病预防　　091
　　　　一、中小学生常见传染病及预防　　093
　　　　二、中小学生常见非传染病及预防　　099

　第五节　烟草、酒精与毒品　　103
　　　　一、烟草、酒精和毒品的危害　　104
　　　　二、对烟草、酒精和毒品的抵制与防范　　111

　第六节　心理健康　　114
　　　　一、什么是心理健康　　114
　　　　二、学校心理健康教育的内容与策略　　116

- 第七节　运动与健康　127
  - 一、运动与健康的关系　127
  - 二、学校运动与健康的主要内容　128
- 第八节　安全应急与避险　139
  - 一、国内外学校安全应急与避险的问题及现状　140
  - 二、学校安全应急与避险的内容　147
- 参考文献　148

第五章　中小学健康教育的模式和方法

- 第一节　中小学健康教育模式的相关理论及概念界定　155
  - 一、中小学健康教育的相关理论　155
  - 二、中小学健康教育模式的概念界定　158
- 第二节　国内外中小学健康教育模式的现状与问题　160
  - 一、国外健康教育模式的现状及问题　162
  - 二、国内健康教育模式存在的问题、历史演变及现状　169
- 第三节　中小学健康教育模式的构建与实施　178
  - 一、独立的健康教育课程模式的实施　178
  - 二、以学科渗透的方式实施　179
  - 三、以专题的方式实施　181
- 第四节　中小学健康教育模式的辅助途径　187
  - 一、学校健康教育环境的创设　188
  - 二、学校及社会健康教育服务的提供　188
  - 三、学校"互联网 + 教育"健康服务的提供　189
- 参考文献　190

第六章　中小学健康教育的实施和效果评价

第一节　中小学健康教育的实施　　　　　　　　　　　195
　　一、中小学健康教育实施依据　　　　　　　　　　195
　　二、中小学健康教育实施建议　　　　　　　　　　198

第二节　中小学健康教育效果评价　　　　　　　　　209
　　一、中小学健康教育效果评价的依据　　　　　　　209
　　二、中小学健康教育效果评价建议　　　　　　　　212

参考文献　　　　　　　　　　　　　　　　　　　　　227

前 言
PREFACE

健康是人类幸福生活和全面发展的根基。随着对健康的认识越来越深入，"健康"问题日益成为人们谈论的主流话题之一，并已经成为影响社会发展的一种新语境。在这种语境下，中小学生的健康问题备受关注，因为中小学生的健康成长关系到千家万户的幸福。而中小学生能否健康成长不仅取决于社会有没有为他们提供良好的健康环境和完善的保障制度，更取决于他们所接受到的健康教育水平，即学校为他们的健康成长奠定了怎样的知识、技能和行为基础。因此，学校在健康教育中应该发挥主渠道作用，学校健康教育对学生的健康成长和全面发展不可或缺。

我国政府历来十分关注青少年儿童的健康，重视发挥学校对促进学生健康成长的责任和作用，曾颁布了一系列的政策文件，为学校开展健康教育提供制度和法律保障。尤其近年来，党和国家把促进全民健康放在国家发展战略的高度，提出了"健康中国战略"。2016 年 8 月 26 日中共中央政治局审议通过《"健康中国 2030"规划纲要》，同年北京市也颁布了《"健康北京2030"规划纲要》。两个纲要都强调全方位、全周期保障人民群众健康，并将健康教育纳入国民教育体系，把健康教育作为所有教育阶段素质教育的重要内容。同时建议以幼儿园、中小学为重点，完善健康教育推进机制；构建相关学科教学与教育活动相结合、课堂教育与课外实践相结合、经常性宣传教育与集中式宣传教育相结合的健康教育模式；培养健康教育师资队伍，将健康教育纳入教师职前教育和在职培训内容。随着两个纲要的颁布，各中小学及教育行政部门开始加强健康教育的重视程度，使学校健康教育工作更加科学化、规范化。

为更好地落实"健康中国战略"和两个纲要的要求，充分发挥北京首善之区的引领作用，2019年6月，北京市教育委员会颁布了《北京市中小学健康教育指导纲要（试行）》，对学校健康教育的目标、原则、内容、实施路径和保障机制等都提出了明确要求。为使广大中小学教师更好地理解《北京市中小学健康教育指导纲要（试行）》的理念，并将理念在课堂教学中有效落实，切实提升中小学生的健康素养，参与起草《北京市中小学健康教育指导纲要（试行）》的北京教育学院专家、学者共同编写了此书，希望广大中小学教师通过本书全面理解学校健康教育的宗旨和目标，掌握学校健康教育的内容和策略，为中小学生的健康成长保驾护航。

本书第一章、第二章由胡玉华编写；第三章由林雅芳编写；第四章第一、二、三节由杨青青编写，第四、五节由徐峥编写，第六节由张蕾编写，第七节由李健编写，第八节由徐扬编写；第五章由徐扬编写；第六章由李健编写。

本书在编写过程中，得到了北京市教育委员会、北京教育学院领导、数学与科学教育学院领导和同行的大力支持，在此表示衷心感谢。本书编写中难免有缺点和不足之处，敬请读者指正。

编者

2020年8月

第一章
概　论

　　健康教育涵盖了健康的生活态度、健康知识与技能、心理健康、社会健康、健康风险、健康行为等多方面内容。学校健康教育旨在增进儿童青少年的卫生知识，了解健康的价值和意义，提高自我保健和预防疾病的意识，逐步建立和形成有益于健康的行为，自觉选择有益于健康的生活方式，从而促进身心健康、改善生活质量。

第一节 健康教育的概念

"健康教育"的概念起源于1918年,由美国儿童健康协会提出,其内容涵盖了健康的生活态度、健康技能、心理健康、社会健康、健康风险行为预防等诸多方面。1998年,基于相关学者的共识、社会变化趋势和儿童发展方面的研究,努特比姆(Nutbeam)将"健康教育"定义为:通过信息传播和行为干预,帮助个人和群体掌握卫生保健知识,树立健康观念,合理利用资源,形成健康行为和生活方式的教育活动与过程。健康教育旨在建立一个更加健康、更加平等的社会,即个体能够充分享有健康和幸福,在身体、心理和社会层面能够最大限度地不受疾病的困扰。2002年,托恩斯(Tones)在上述定义的基础上通过对健康教育和健康促进的区分将健康教育概念进行了补充,更加强调了健康教育是预防疾病、寻求健康行为改变的有益活动。可见,健康教育的实施对个人、家庭和社会而言,不仅仅是公共健康事业发展的必要条件,而且有助于促进个体自由自主和社会的和谐发展。

知识卡片:健康教育的类别

分类	内容	详细介绍
广义的健康教育	健康的普及教育	以提升健康水平为目的,针对所有人群进行的疾病预防知识、健康行为习惯、健康影响因素等内容为主的大众教育。
狭义的健康教育	医学专业教育	针对医学专业的学生进行的健康教育。

续表

分类	内容	详细介绍
狭义的健康教育	病人健康教育	提供给病人的健康与医学相关内容的教育。
	学校健康教育	针对大中小学生进行的健康教育。

学校健康教育是公众健康教育的一个重要组成部分，也是学校教育的重要内容之一。学校健康教育围绕在校学习的中小学生，以保护和促进中小学生健康成长为目的，帮助他们从小发展各种有利于健康的认知能力和行为习惯，更好地应对未来的健康挑战，为终身的健康奠定基础。因此，学校健康教育被认为是促进全民健康的一项有效的公共卫生预防策略。

一、学校健康教育的内涵

《中小学健康教育指导纲要》指出健康教育是以促进健康为核心的教育。通过有计划地开展学校健康教育，培养学生的健康意识与公共卫生意识，掌握必要的健康知识和技能，促进学生自觉地采纳和保持有益于健康的行为和生活方式，减少或消除影响健康的危险因素，为一生的健康奠定坚实的基础。

综合国际学者对健康教育概念的界定和《中小学健康教育指导纲要》对学校健康教育提出的要求，《北京市中小学健康教育指导纲要（试行）》进一步将学校健康教育的概念细化为以促进学生的健康成长为核心、以发展学生的健康素养为宗旨的教育活动。该概念更好地契合了时代的发展和社会的需求。

众所周知，健康的概念已从身体健康扩展到心理、社会适应、道德、环境等多个领域的整体健康。学校健康教育也从传统的体育教育即健康教育的一元形态，发展到生理、心理、社会、道德、环境等的多元形态。相应地，学校健康教育的内容也绝不仅仅是零散的预防艾滋病教育，禁毒、禁烟、饮食与健康教育等，而应该是一个包含了身体健康、心理健康、社会适应、道德健康及环境健康等人类生活方方面面的综合性的内容体系。因此，大健康视域下的学校健康教育既要着眼于学生适应社会发展和个人生活的需要,又要从整体、综合的角度构建内容体系,促进学生的全面发展和健康成长。

词汇释义

> **学校健康教育**是以促进学生的健康成长为核心,以发展学生的健康素养为宗旨的教育。学校健康教育的内容涵盖了身体健康、心理健康、社会适应、道德健康及环境健康等人类生活的方方面面。

二、学校健康教育的内容

学校健康教育的重要载体是健康教育内容,因此,构建健康教育内容体系既是保障健康教育顺利实施的需要,也是促进学生健康素养发展的目标要求,无疑成为学校开展健康教育的核心要素。

在这方面,美国麦格劳-希尔教育集团出版的《健康与幸福》(Health & Wellness)教材可以为我们提供很好的借鉴。该教材以美国《国家健康教育标准》及儿童心理学和认知科学为基础,构建了一个旨在基于实践活动塑造健康行为的知识与生活技能体系,为学生在个人生存、发展、交往等方面的问题提供应对策略,并教给学生为了幸福生活必须具备的基本的生理、心理、情感准备以及社会生活技能,体现了世界教育改革强调的"教育为促进人的发展"的基本价值取向。

该教材以五个知识模块为核心内容,以十大健康生活技能为目标构建了健康教育内容体系。五个知识模块是实现目标的载体,包括:心理和情绪、家庭和社交健康,成长和营养,个人健康和安全,药品和疾病预防,社区和环境健康。十大健康生活技能包括:实践健康行为,管理压力,运用沟通技能,获取健康信息、产品和服务,运用拒绝技能,解决冲突,分析影响健康的因素,做负责任的决定,设定健康目标,做健康倡导者。十大健康生活技能目标分别从不同角度对愿景进行细化和解释。愿景、目标和知识模块一脉相承,形成一个有机整体(如图1-1所示)。

```
                 ┌─────────────────────────────────────┐
                 │ 健康教育愿景：发展学生健康素养 │
                 └─────────────────────────────────────┘
┌──────────────────────────────────────────────────────────────────┐
│       健康教育目标：十大健康生活技能，是愿景的细化和解释         │
├──────┬──────┬──────┬────────┬──────┬──────┬──────┬──────┬──────┬──────┤
│实践  │管理  │运用  │获取健  │运用  │解决  │分析影│做负  │设定  │做健  │
│健康  │压力  │沟通  │康信息、│拒绝  │冲突  │响健康│责任  │健康  │康倡  │
│行为  │      │技能  │产品和  │技能  │      │的因素│的决  │目标  │导者  │
│      │      │      │服务    │      │      │      │定    │      │      │
└──────┴──────┴──────┴────────┴──────┴──────┴──────┴──────┴──────┴──────┘
                                  ⇩
┌──────────────────────────────────────────────────────────────────┐
│       健康教育内容：五个知识模块，是实现目标的内容载体           │
├────────────┬──────────┬──────────┬──────────┬──────────────────┤
│心理和情绪、│成长和营养│个人健康  │药品和    │社区和            │
│家庭和社交  │          │和安全    │疾病预防  │环境健康          │
│健康        │          │          │          │                  │
└────────────┴──────────┴──────────┴──────────┴──────────────────┘
```

图 1-1 《健康与幸福》教材的整体架构

各年级均围绕五个知识模块展开，每个模块下设 2 个内容单元，共 10 个单元，每个年级的课程都会涉及这 10 个单元。模块与单元构成了教材的主体框架（如表 1-1 所示）。

表 1-1 《健康与幸福》教材的内容框架

模块	单元
A 模块：心理和情绪、家庭和社交健康	心理和情绪健康
	家庭和社交健康
B 模块：成长和营养	生长和发育
	营养
C 模块：个人健康和安全	个人健康和体育运动
	暴力与伤害预防
D 模块：药品和疾病预防	酒精、烟草和其他药品
	传染病和慢性病
E 模块：社区和环境健康	消费者健康和社区
	环境健康

每个单元下设若干具体内容，这些具体内容的编排按照年级依次递进、螺旋上升、逐级深化，形成了一脉相承的整体结构框架。以 A 模块"心理和情绪、家庭和社交健康"中第一单元"心理与情绪健康"为例，不同年级（3-8 年级）的内容如表 1-2 所示。

表 1-2 《健康与幸福》教材随年级递进的内容体系示例

模块	单元	3 年级	4 年级	5 年级	6 年级	7 年级	8 年级
心理和情绪、家庭和社交健康	心理与情绪健康	自我概念	性格和健康	规划健康的生活	性格和个性	培养良好性格	有效的沟通
		心理和情绪	做负责任的决定	个性和性格	做负责任的决定	做负责任的决定	心理警觉
		学会做人	自我调控	调试情绪	情绪和压力	促进心理健康	控制情绪
		做负责任的决定	表达情绪	对健康负责		管理压力，提高心理弹性	管理压力，提高心理弹性
		管理压力	管理压力	管理压力			设定目标

K-12 年级，共计 300 多项具体内容。这些具体内容纵横交错，依年级梯度递进上升，构成了中小学健康教育完整的内容体系。

北京教育学院健康教育研究团队借鉴美国《健康与幸福》教材设计理念与思路，以"德智体全面发展"为指导思想，以发展学生的健康素养为目标，以《北京市中小学健康教育指导纲要（试行）》中提出的"个人卫生习惯，生长发育与性健康，营养与健康，疾病预防，烟草、酒精与毒品，心理健康，运动与健康，安全应急与避险"为具体内容构建健康教育课程内容体系框架。在学习健康基本知识和健康行为与生活方式的过程中，掌握十大健康技能。这十大健康技能可以看作是学生健康素养的具体表现，如表 1-3 所示。

表 1-3 学校健康教育课程内容体系框架

主题	单元1	单元2	单元3	单元4	健康技能
个人卫生习惯	健康文明的卫生习惯	健康的生活方式	遵守公共卫生道德		（1）获取有效的健康信息、产品和服务的技能 （2）分析影响健康因素的技能 （3）实践健康行为的技能 （4）管理压力的技能 （5）沟通技能 （6）拒绝技能 （7）解决冲突技能 （8）做负责任决定的技能 （9）设定健康目标的技能 （10）做一名健康倡导者的技能
生长发育与性健康	生长和发育	青春期保健	性与性健康		
营养与健康	饮食与营养	食品安全	烹饪知识		
疾病预防	传染病	慢性病			
烟草、酒精与毒品	烟草、酒精与毒品的危害	拒绝烟草、酒精与毒品			
心理健康	智力健康	健全人格	情绪健康	家庭和社交健康	
运动与健康	运动技能	运动保健	运动伤害预防		
安全应急与避险	暴力与伤害预防	应急与避险			

以上八个主题22个单元进行重复呈现设计，每个单元包含若干具体内容，这些具体内容按照年级的不同依次递进、逐级深化，形成了"主题—单元—具体内容"的结构框架。例如"营养与健康"主题中共有三个单元，其中第一单元"饮食与营养"随年级递进的具体内容如表1-4所示。

表 1-4 随年级递进的单元具体内容

主题	单元1	1-2年级	3-4年级	5-6年级	初中	高中
营养与健康	饮食与营养	拒绝挑食、偏食；按时饮水；在成人的指导下初步养成均衡膳食的习惯。	能读懂膳食宝塔和食品标签；知道食物的营养成分与来源；列举3~5种保持食物营养的方法；在成人的指导下养成均衡膳食的习惯。	知道膳食宝塔中营养成分的组成；认识健康饮食对保持健康、维持日常生活的重要意义；养成健康饮食的习惯。	了解合理的膳食搭配及其对身体健康的积极影响；能有意识地控制零食与垃圾食品的摄入。	系统掌握均衡膳食、饮食健康的知识；运用膳食搭配的原则制订合理的饮食计划。

具体内容的设计力图连贯一致、由浅入深、循序渐进，随着年级的增长，由现象到本质，由低阶到高阶，由简单到复杂。学生对健康知识的学习和对健康技能的掌握前后连贯，都是在前期学习的基础上对知识和技能的进一步发展和延伸。

该内容体系的特点可以概括为以下三个方面。

- 中小学健康教育内容体系框架的构建以《北京市中小学健康教育指导纲要（试行）》为蓝本，参考美国《健康与幸福》教材的设计理念和思路，基于我国中小学生健康需求及学校健康教育的特点，确定健康教育内容体系的主题、单元和健康技能。每个年级的课程都会涉及这八个主题和十个技能，内容上由浅入深、按年级层层递进，旨在巩固和深化学生对这些内容的理解和对技能的熟练掌握。

- 一个具有健康素养的青少年，除了具备健康知识和健康技能外，更意味着个体具有理性的思考和辩证的态度，还应具有国际意识和多元文化理解能力，并能成为一名健康的倡导者。因此，具体内容涉及讨论和解决人类共同面临的问题，比如烟草、酒精、毒品、环境、公共卫生、人类责任等，使学生认识到健康与幸福生活的实现需要全人类的共同努力。

- 一个完整的健康教育内容体系应将健康知识的获取、健康行为的改变和健康生活技能的掌握有机结合，从健康知识的学习和健康行为的改变出发，经过一系列的观察、交流、比较和组织等体验式学习活动，最终获得对健康技能的掌握。本体系框架兼顾健康知识、健康行为和健康技能，既考虑到健康知识的系统性，也兼顾了行为改变和基本生活技能的掌握。

第二节　中小学健康教育的目的和意义

健康是人类幸福生活和全面发展的根基。随着对健康的认识越来越深入，健康问题日益成为人们谈论的主流话题之一，并已经成为影响社会发展的一种新语境。在这种语境下，中小学生的健康问题备受关注，因为中小学生的健康成长关系到千家万户的幸福。而中小学生健康成长不仅取决于社会为他们提供良好的健康环境和完善的保障制度，更取决于他们所接受到的健康教育水平，即学校为他们的健康成长奠定了怎样的知识、技能和行为基础。因此，学校在健康教育中应该发挥主渠道作用，学校健康教育对学生的健康成长和全面发展不可或缺。这一点已经是世界上许多国家的共识。

例如，美国将学校健康教育列为基础教育的一个重要组成部分，制定了相应的《国家健康教育标准》，明确规范了从幼儿园至高中毕业健康教育的知识内容和操作指标，出版了《健康与幸福》教材；英国将健康教育视为系列桥梁课程中的一个重要课程，健康教育的内容被融入到其他课程之中，并渗透到学校生活的方方面面，他们还颁布了《课程指南（5）：健康教育》；在澳大利亚，健康教育被视为与数学、科学等课程同等重要的一个学习领域，并制定了《健康教育课程框架》；日本、新加坡、加拿大等也将健康教育作为学校教育的一个重要领域，引进美国《健康与幸福》教材开设健康教育课程。我国台湾地区开设《健康与体育》课程，将健康教育纳入基础教育范畴。我国2016年颁布《"健康中国2030"规划纲要》要求将健康教育纳入国民教育体系，把健康教育作为所有教育阶段素质教育的重要内容。

一、中小学健康教育的目的

学校健康教育越来越受到重视。综合分析北京市颁布的《北京市中小学健康教育指导纲要（试行）》中对学校健康教育目标的阐述，学校健康教育的目的主要体现在以下四个方面。

- 提高学生健康意识和公共卫生意识。学生能够理解健康概念，倡导健康理念，树立正确的健康观念，科学对待健康问题，呈现积极向上的生活和学习态度；能够获取、理解和处理日趋庞杂的健康信息；能够正确利用公共卫生服务。

- 掌握健康知识和健康技能。掌握维持身心健康必备的基础知识，包括生长与发育、青春期保健、疾病预防、食物与营养、安全用药、环境健康、心理与情绪健康、适应社会等知识，增进对成长过程中面临的健康问题的理解。掌握获取有效健康信息、产品和服务，实践健康行为的基本技能以促进健康，避免或减少健康风险。

- 养成健康的生活方式和行为习惯。养成健康的生活方式，包括均衡膳食，适量运动，拒绝烟草、酒精和毒品，善于心理调节，养成良好的个人卫生习惯等，做出有利于提高和维护自身健康的决策。

- 增强维护健康的社会责任感。明确个人对自己、他人以及家庭、社会健康的作用、角色和责任，积极传播健康知识，倡导健康理念，实践健康行为，为保障全社会的健康做出自己的贡献。

二、中小学健康教育的意义

学校健康教育是学校教育不可或缺的一个重要组成部分，这不仅因为学校具有完善的课程体系和完备的教学设施，而且学校教育的对象——中小学生正处于生长发育的关键时期，健康教育的效果对他们终身的健康状况和生活质量有持续影响。因此，在学校开展健康教育具有极其重要的意义。

- 学校健康教育可以使学生终身受益。学校健康教育的对象是在校学习的中小学生，他们正处于行为习惯和价值观念形成的关键时期，接受能力强，可塑性强，具备通过教育建立健康行为、改变不良习惯的可能性，有利于健康教育产生最佳效果。有学者指出，健康教育的重点和最有效的阶段是儿童青少年时期。儿童青少年如果能够在学生时代形成健康的行为和生活方式，将会对他们的一生产生深远的影响。

- 学校可以使健康教育的效果得到保障。健康教育与其他学科教育一样，需要有完善的教育资源支持。由于中小学校具备相对完整的教育体系、教育手段及教育人力资源，使其成为开展健康教育的最佳场所。同时，健康教育的目标、内容也可以与其他学科教育相结合，在不增加学生学习负担的情况下，既丰富了学科教育的内涵又达到了健康教育的目的。联合国教科文组织呼吁："学校不仅仅是学生学习的场所，也是提供基本健康教育和服务的场所。"因此，学校在健康教育中应该发挥主渠道作用，使健康教育的效果得到保障。

● 学校健康教育的效果可以扩展到家庭和社会。学校健康教育使学生获得了健康知识和技能，通过学生传递给父母和家庭，使家庭成员健康知识和健康水平得到提高，进而影响到社区和社会，促进了整个社会健康意识和健康行为的提升。

在第 14 届世界卫生大会上，有专家指出，现在的中小学生是未来的居民、母亲、各阶层的领导者和决策者，他们对健康问题的认识、态度和习惯，将影响整个国家和民族的健康水平。因此，学校健康教育的水平和效果将对全民健康素养的提升有决定性的意义。

第三节　中小学健康教育的现状

我国政府历来关注儿童青少年的健康成长，重视学校卫生与健康教育，曾颁布了一系列政策文件，为学校开展健康教育提供制度和法律保障。尤其近年来，党和国家把促进全民健康放在国家发展战略的高度，提出了"健康中国战略"。2016 年 8 月 26 日中共中央政治局审议通过《"健康中国 2030"规划纲要》，同年北京市也颁布了《"健康北京 2030"规划纲要》，强调全方位、全周期保障人民群众健康，并将健康教育纳入国民教育体系，把健康教育作为所有教育阶段素质教育的重要内容，同时建议以幼儿园、中小学为重点，完善健康教育推进机制，构建相关学科教学与教育活动相结合、课堂教育与课外实践相结合、经常性宣传教育与集中式宣传教育相结合的健康教模式，培养健康教育师资队伍，将健康教育纳入教师职前教育和在职培训内容。各中小学及教育行政部门开始加强健康教育的重视程度，使我国学校健康教育工作更加科学化、规范化。但我们也看到，由于我国没有出台相关的中小学健康教育课程标准，缺乏相关健康教育教材，加之缺乏具有专业水平的师资队伍，学校健康教育还存在诸多急待解决的问题，应引起重视。

一、中小学健康教育师资队伍情况

在中小学的课程设置中健康教育仍然采用与传统课程相结合的模式，即在体育、生物、化学、心理、思想品德等课程中分别渗透相关健康教育内容。学校健康教育没有得到应有的重视。健康教育的师资在总体上呈现出如下两方面的特征。

1. 专任教师数量少

1992年原国家教委颁布了《中小学生健康教育基本要求（试行）》，明确了学校健康教育的目标是：增进儿童青少年的卫生知识，了解健康的价值和意义，提高自我保健和预防疾病的意识，逐步建立和形成有益于健康的行为，自觉选择有益于健康的生活方式，从而促进身心健康、改善生活质量。要求在小学和初中开设健康教育课，然而实际工作的开展并不乐观，多数学校健康教育由心理教师、校医或其他相关学科教师兼任，他们普遍没有接受过系统的健康教育专业培训，授课内容不成体系、随意性强，造成健康教育课程缺乏系统性和实效性。具有专业水平的师资力量的缺乏，直接导致了学校健康教育的发展速度缓慢。

2. 系统的职后培训没有平行跟进

美国学者就学校开展健康教育的实效性研究结果表明，有效的、高质量的健康教育应该具有八个方面的特征，其中之一就是为提高健康教育的效果做好教师的培训。《"健康北京2030"规划纲要》也指出，要培养健康教育师资，将健康教育纳入教师职前教育和职后培训内容。目前，我国健康教育的教师培训主要是对体育教师和心理教师从学科角度进行培训。按照世界卫生组织的界定，健康包涵了生理健康、心理健康、社会适应性良好和道德健康，属于多学科融合的领域，单一学科内容的培训显然是片面的、不成体系的。因此从整体的、综合的、系统的观点构建健康教育教师培训内容，培养专职的健康教育教师队伍，提高学校健康教育水平，是各级教师培训机构面临的紧迫且急需解决的问题。

二、中小学健康教育课程设置情况

在我国，学校健康教育课程的最初形态是体育课，对中小学生健康的关注也是从重视体育锻炼开始的。随着对健康概念理解的深入，人们开始从"健康即是无疾病"的认识发展到"健康是生理健康和心理健康"的双重结构。近些年，以素质教育为导向的基础教育改革使人们更深刻地认识到教育要为学生的终身发展服务，尤其是发展学生核心素养理念的提出，使健康素养被提到了一个新的高度。健康也不仅仅是没有疾病，而是生理健康、心理健康、社会适应性良好以及道德健康的完美状态。相应地，健康教育课程也应该是综合的、整体的、跨学科的课程，但是这样的课程体系目前还没有完全建立起来，健康教育课程在学校课程的实际运行中还没有得到应有重视，其地位还处于"边缘化"的状态，相关的理论研究也没有平行跟进，致使健康教育大多停留在"口号"层面，健康教育课程体系的建设是基础教育课程改革的长期任务，任重而道远。

三、中小学健康教育教材建设情况

教材是实施课程的依据，也是传授知识的手段之一。目前我国学校健康教育还没有统一的教材，也没有出台配合课程实施的健康教育标准，健康教育教材建设是一个急需解决的问题。

各医疗结构、研究单位以及中小学校出版了一些有关健康教育的读本，在没有健康教育教材的情况下，有些学校将其作为开展健康教育校本教研和综合实践活动的素材。总体上，这些读本可分为三种类型。

- 日常保健类。如科学用脑、科学用眼、爱牙日主体活动等。这类读本具有较强的科普特征，以某一健康问题为讨论的焦点，目的是提醒广大师生予以关注。
- 热点问题类。如艾滋病、手足口病、饮食卫生等问题，通过专门的宣传材料，及时、准确地提供相关知识与技能，帮助师生、公众正确面对和解决此类问题。虽然这方面的努力不及专业医疗机构，但在加强相关问题的防控意识和培养良好卫生习惯上，起到一定作用。
- 传统文化类。越来越多的学校将传统文化及保健常识融入到校本文化及健康教育当中，如中医保健、茶道、二十四节气养生等，受到了广大师生的欢迎。这些读本的共同特点是将文化底蕴融入到健康教育当中，从而丰富了健康教育的内涵，拓展了校本文化的建设，将健康素养与核心素养紧密地联系起来。

在大力倡导学校开展综合实践活动的背景下，涉及健康教育的读本呈持续增长的趋势，但是此类读本最大的问题在于不系统、没有形成体系，随意性强，其科学性也有待考证。因此急需建设一套符合健康教育课程体系的健康教育教材，为中小学健康教育课程的实施提供强有力的支撑。

四、中小学健康教育效果评价情况

教育部颁发的《学校健康教育评价方案》（试行）中要求：要对健康教育课授课质量进行评估，包括五项内容：概念清晰、启发式教学、语言生动、理论联系实际、板书工整。但对如何进行质量评估检测没有指定具体的评价标准，教育系统也没有形成评价体系，致使这些要求只停留在纸面上。教师由于缺乏对健康教育内容的理解和整体把握，没有信心和能力改变教学方法，课堂上只能照本宣科，加之没有有效的评价手段，授课质量和教学效果都没有达到预期目标。

为深入贯彻实施"健康中国战略",落实《"健康中国2030"规划纲要》和《"健康北京2030"规划纲要》对健康教育提出的工作要求,进一步加强中小学健康教育工作,培养学生树立健康意识与观念,掌握健康知识和技能,养成健康的生活方式和行为习惯,依据教育部《中小学健康教育指导纲要》,结合北京市中小学健康教育的实际需求,在广泛听取中小学教师、教科研部门、教育行政部门和有关专家的意见后,北京市制定和颁布了《北京市中小学健康教育指导纲要(试行)》。该纲要能有效地促进中小学健康教育的实施,无论对学生个人、家庭还是社会而言,健康教育不仅仅是个体自由自主发展和社会和谐发展的基础,而且是承担社会责任的生命教育。

参考文献

[1] 何薇,张超. 中国公众的科学素质及对科学技术的态度[J]. 科普研究,2008(3).

[2] 王建平,郭亚新. 构建学校健康教育课程体系意义及取向[J]. 中国教育学刊,2013(4).

[3] 王萍. 国内外健康素养研究进展[J]. 中国健康教育,2010(26).

[4] 文晓萍. 中国居民健康素养首次调查结果[J]. 中国生育健康杂志,2010,21(2).

[5] 胡玉华. 中小学生群体健康素养的概念、测量及发展策略[J]. 中国教育学刊,2019(6).

[6] 张芯,余小鸣. 学校健康教育实践与理论[M]. 北京:北京大学医学出版社,2011(9).

第二章

中小学健康教育的基本理念

中小学健康教育以发展学生健康素养为宗旨,包括掌握基础的健康知识和基本的生活技能,能够获取、理解和处理基本的健康信息和服务,能够利用健康信息和服务,做出有利于提高和维护自身健康的决策,能有成效地建立针对个人、家庭和社区的健康目标,并监测其实施情况。

我国出台了很多相关的政策和文件来指导和促进学校健康教育的开展。2018年国家卫健委发布了《中国青少年健康教育核心信息及释义（2018版）》，就肥胖、近视、网络成瘾、合理膳食、科学运动等健康教育面临的核心问题和关键领域进行了梳理和总结，为中小学开展教康教育提供了依据和资源。2019年北京市颁布《北京市中小学健康教育指导纲要（试行）》，明确提出了学校开展健康教育的基本理念，包括以发展学生的健康素养为宗旨、注重学生生活技能的养成、关注学生社会责任的培养三个方面。

第一节　发展学生健康素养

近年来，中小学生在成长过程中暴露出来的健康问题不断增多，肥胖、视力障碍、不良情绪、性早熟、意外伤害、校园欺凌等，反映出他们在生理、心理及道德方面存在健康隐患，中小学生的健康问题面临巨大挑战。健康教育为解决这些问题提供了新的思路和策略。研究表明，学校健康教育不仅能有效解决学生的健康问题，也是开展各类健康促进活动的适宜切入点。作为评价健康教育效果的一个产出变量——健康素养，也因此受到了国内外学者和政府部门的普遍关注。健康教育与健康素养的关系如图2-1所示。

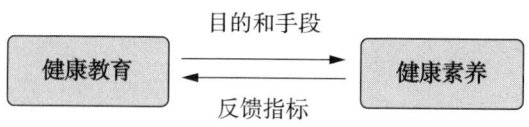

图 2-1　健康教育与健康素养之间的关系

一方面，通过健康教育提高学生维护自身健康必备的综合能力，发展学生的健康素养；另一方面，对健康素养的改善情况的实时监测结果又是衡量健康教育成效的一个指标，起到反馈和调整健康教育模式和内容的作用。

纵观不同国家和地区的健康教育，尽管在课程的内容和形式上有所不同，但都不约而同地将健康素养的提升作为学校健康教育的目标和价值追求。学校健康教育应直接指向发展学生的健康素养。

一、什么是健康素养

1974 年美国学者西蒙兹（Simonds）在国际健康教育大会就健康教育作为政策问题对卫生保健系统、教育系统、大众传播方面的影响的讨论中，提出了"健康素养（Health Literacy）"这一概念。1986 年 11 月 21 日，世界卫生组织在加拿大渥太华召开的第一届国际健康促进大会上强调运用行政的或组织的手段，广泛协调社会各相关部门以及社区、家庭和个人，使其履行各自对健康的责任，共同维护和促进健康。1990 年，第一篇关于健康素养的文章在美国发表，之后关于健康素养的研究逐渐展开，针对健康素养的研究也越来越深入和广泛，健康素养的概念和内涵不断发展和丰富。1995 年，美国《国家健康教育标准》中对健康素养的定义是"个体具有获得、解释和理解基本健康信息与服务的能力，并能运用信息和服务来促进个体的健康"。它强调了知识和技能对健康素养的重要作用。2005 年在曼谷举行的第六届世界健康促进大会上通过了《全球健康促进曼谷宪章》。宪章确认，授权于社区并改善健康和卫生保健平等性的政策与伙伴关系应当是全球和国家发展工作的核心，并将提高人们的健康素养作为健康促进的重要行动和目标。2006 年，澳大利亚统计局成人健康素养调查报告中把健康素养定义为：理解和使用健康问题相关信息如毒品和酒精、疾病预防和治疗、安全和事故预防、急救、突发事件及保持健康所需要的知识和技能。2009年，美国医学研究所指出，健康素养是随着人们的技能和需求与卫生系统的复杂性交互作用产生的，是卫生系统保证健康信息和服务的可及性、准确性及可行性的表现和结果。对健康素养的研究不单局限在个体层面，健康素养还是个体技能与卫生系统需求间的纽带。

可见，国际上关于健康素养的定义有多种描述。目前被普遍接受的是世界卫生组织（WHO）的描述："健康素养代表着认知和社会技能，这些技能决定了个体具有动机和能力去获取、理解和利用信息，并通过这些途径能够促进和维持健康。"从这个定义中可以看出，健康素养被视为健康教育的结果。

我国于2008年初发布了《中国公民健康素养——基本知识与技能（试行）》，这是世界上第一份界定公民健康素养的政府文件，在此基础上2015年发布了《中国公民健康素养——基本知识与技能》。随着健康素养重视程度的加深，北京市于2019年率先颁布了《北京市中小学健康教育指导纲要（试行）》，提出了以发展中小学生健康素养为宗旨的理念。

知识卡片：《中国公民健康素养——基本知识与技能》

一、基本知识和理念

1. 健康不仅仅是没有疾病或虚弱，而是身体、心理和社会适应的完好状态。
2. 每个人都有维护自身和他人健康的责任，健康的生活方式能够维护和促进自身健康。
3. 环境与健康息息相关，保护环境，促进健康。
4. 无偿献血，助人利己。
5. 每个人都应当关爱、帮助、不歧视病残人员。
6. 定期进行健康体检。
7. 成年人的正常血压为收缩压 ≥ 90mmHg 且 <140mmHg，舒张压 ≥

60mmHg 且 <90mmHg；腋下体温 36℃~37℃；平静呼吸 16~20 次/分；心率 60~100 次/分。

8. 接种疫苗是预防一些传染病最有效、最经济的措施，儿童出生后应当按照免疫程序接种疫苗。

9. 在流感流行季节前接种流感疫苗可减少患流感的机会或减轻患流感后的症状。

10. 艾滋病、乙肝和丙肝通过血液、性接触和母婴三种途径传播，日常生活和工作接触不会传播。

11. 肺结核主要通过病人咳嗽、打喷嚏、大声说话等产生的飞沫传播；出现咳嗽、咳痰 2 周以上，或痰中带血，应当及时检查是否得了肺结核。

12. 坚持规范治疗，大部分肺结核病人能够治愈，并能有效预防耐药结核的产生。

13. 在血吸虫病流行区，应当尽量避免接触疫水；接触疫水后，应当及时进行检查或接受预防性治疗。

14. 家养犬、猫应当接种兽用狂犬病疫苗；人被犬、猫抓伤、咬伤后，应当立即冲洗伤口，并尽快注射抗狂犬病免疫球蛋白（或血清）人用狂犬病疫苗。

15. 蚊子、苍蝇、老鼠、蟑螂等会传播疾病。

16. 发现病死禽畜要报告，不加工、不食用病死禽畜，不食用野生动物。

17. 关注血压变化，控制高血压危险因素，高血压患者要学会自我健康管理。

18. 关注血糖变化，控制糖尿病危险因素，糖尿病患者应当加强自我健康管理。

19. 积极参加癌症筛查，及早发现癌症和癌前病变。

20. 每个人都可能出现抑郁和焦虑情绪，正确认识抑郁症和焦虑症。

21. 关爱老年人，预防老年人跌倒，识别老年期痴呆。

22. 选择安全、高效的避孕措施，减少人工流产，关爱妇女生殖健康。

23. 保健食品不是药品，正确选用保健食品。

24. 劳动者要了解工作岗位和工作环境中存在的危害因素，遵守操作规程，注意个人防护，避免职业伤害。

25. 从事有毒有害工种的劳动者享有职业保护的权利。

二、健康生活方式与行为

26. 健康生活方式主要包括合理膳食、适量运动、戒烟限酒、心理平衡四个方面。

27. 保持正常体重，避免超重与肥胖。

28. 膳食应当以谷类为主，多吃蔬菜、水果和薯类，注意荤素、粗细搭配。

29. 提倡每天食用奶类、豆类及其制品。

30. 膳食要清淡，要少油、少盐、少糖，食用合格碘盐。

31. 讲究饮水卫生，每天适量饮水。

32. 生、熟食品要分开存放和加工，生吃蔬菜水果要洗净，不吃变质、超过保质期的食品。

33. 成年人每日应当进行6~10千步当量的身体活动，动则有益，贵在坚持。

34. 吸烟和二手烟暴露会导致癌症、心血管疾病、呼吸系统疾病等多种疾病。

35. "低焦油卷烟""中草药卷烟"不能降低吸烟带来的危害。

36. 任何年龄戒烟均可获益，戒烟越早越好，戒烟门诊可提供专业戒烟服务。

37. 少饮酒，不酗酒。

38. 遵医嘱使用镇静催眠药和镇痛药等成瘾性药物，预防药物依赖。

39. 拒绝毒品。

40. 劳逸结合，每天保证7~8小时睡眠。

41. 重视和维护心理健康，遇到心理问题时应当主动寻求帮助。

42. 勤洗手、常洗澡、早晚刷牙、饭后漱口，不共用毛巾和洗漱用品。

43. 根据天气变化和空气质量，适时开窗通风，保持室内空气流通。

44. 不在公共场所吸烟、吐痰、咳嗽、打喷嚏时遮掩口鼻。

45. 农村使用卫生厕所，管理好人畜粪便。

46. 科学就医，及时就诊，遵医嘱治疗，理性对待诊疗结果。

47. 合理用药，能口服不肌注，能肌注不输液，在医生指导下使用抗生素。

48. 戴头盔、系安全带，不超速、不酒驾、不疲劳驾驶，减少道路交通伤害。

49. 加强看护和教育，避免儿童接近危险水域，预防溺水。

50. 冬季取暖注意通风，谨防煤气中毒。

51. 主动接受婚前和孕前保健，孕期应当至少接受5次产前检查并住院分娩。

52. 孩子出生后应当尽早开始母乳喂养，满6个月时合理添加辅食。

53. 通过亲子交流、玩耍促进儿童早期发展，发现心理行为发育问题要尽早干预。

54. 青少年处于身心发展的关键时期，要培养健康的行为生活方式，预防近视、超重与肥胖，避免网络成瘾和过早性行为。

三、基本技能

55. 关注健康信息，能够获取、理解、甄别、应用健康信息。

56. 能看懂食品、药品、保健品的标签和说明书。

57. 会识别常见的危险标识，如高压、易燃、易爆、剧毒、放射性、生物安全等，远离危险物。

58. 会测量脉搏和腋下体温。

59. 会正确使用安全套，减少感染艾滋病、性病的危险，防止意外怀孕。

60. 妥善存放和正确使用农药等有毒物品，谨防儿童接触。

61. 寻求紧急医疗救助时拨打120，寻求健康咨询服务时拨打12320。

62. 发生创伤出血量较多时，应当立即止血、包扎；对怀疑骨折的伤员不要轻易搬动。

63. 遇到呼吸、心跳骤停的伤病员，会进行心肺复苏。

64. 抢救触电者时，要首先切断电源，不要直接接触触电者。
65. 发生火灾时，用湿毛巾捂住口鼻、低姿逃生；拨打火警电话119。
66. 发生地震时，选择正确避震方式，震后立即开展自救互救。

二、如何界定中小学生群体健康素养

瑞克特（Renkert）等学者认为，不同年龄、不同健康环境的群体，健康素养的内涵应有所差异。这样看来，有必要对中小学生群体的健康素养做出明确的界定。

美国《健康与幸福》教材以发展学生的健康素养为愿景，认为所有学生，无论其性别和文化背景如何，都应该具有健康素养，这对于学生的未来发展至关重要，并提出了学生群体健康素养的四个关键方面：（1）掌握基础的健康知识和基本的生活技能；（2）能够获取、理解和处理基本的健康信息和服务；（3）能够利用健康信息和服务，做出有利于提高和维护自身健康的决策；（4）能有成效地建立针对个人、家庭和社区的健康目标，并监测其实施情况。

由于日趋庞杂的健康信息不断涌现，个体必须掌握一定的健康知识和技能才能做出有利于健康的选择，因此"能够获取、甄别和利用有效的健康信息、产品和服务"被公认为是具备健康素养的一个重要方面。世界卫生组织和众多学者在界定健康素养概念时，不约而同地将"能够获取、甄别和利用有效的健康信息、产品和服务"作为健康素养的核心要素。

鉴于此，从学校健康教育和学生健康需求的角度界定中小学生群体健康素养概念为："学生在学习健康知识和技能过程中逐渐发展起来的，具有获取、甄别和利用健康信息、产品和服务并做出正确决策的能力，以维护和促进自身及他人健康。"具体来说可以表述为以下四个关键方面：

- 健康知识：掌握维持身心健康必备的基础知识，包括生长与发育、青春期保健、疾病预防、食物与营养、安全用药、环境健康、心理与情绪健康、适应社会等知识，增进对成长过程中面临的健康问题的理解。

● 健康技能：掌握获取有效健康信息、产品和服务，实践健康行为等基本技能以促进健康，避免或减少健康风险。

● 健康意识：理解健康概念，倡导健康理念，树立正确的健康观念，科学对待健康问题，呈现积极向上的生活和学习态度。

● 健康生活方式与行为：养成健康的生活方式，包括均衡膳食，适量运动，拒绝烟草、酒精和毒品，善于心理调节，养成良好的个人卫生习惯和正确利用公共卫生服务等，做出有利于提高和维护自身健康的决策。

这四个方面之间的关系如图 2-2 所示。

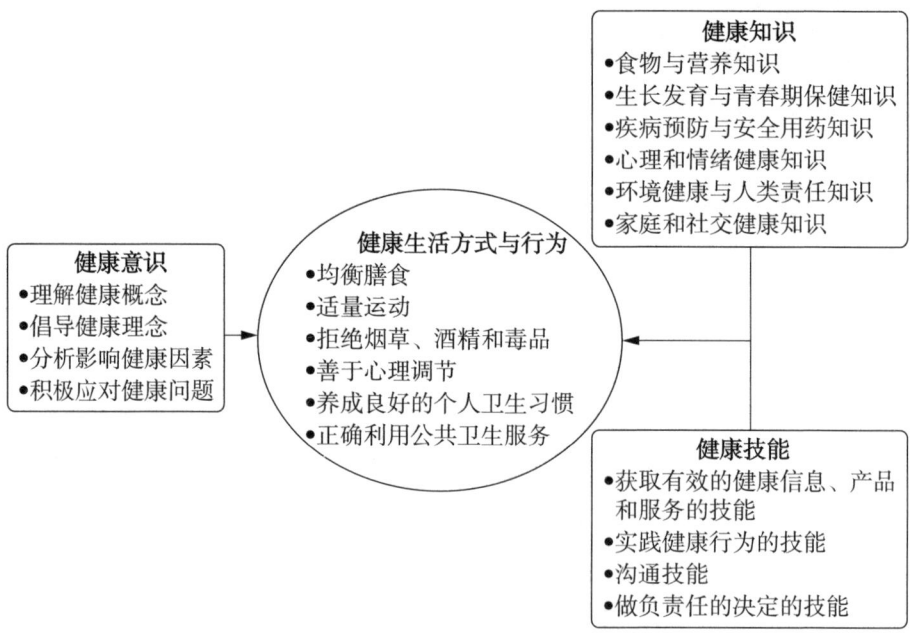

图 2-2　中小学生群体健康素养内涵框架

该内涵框架以健康生活方式与行为为核心，强调健康知识的理解与健康技能的掌握并重。通过对"食物与营养""生长发育与青春期保健""疾病预防与安全用药""心理和情绪健康""环境健康与人类责任""家庭和社交健康"等知识的获取，和对"获取有效的健康信息、产品和服务""实践健康行为""沟通""做负责任的决定"等生活技能的掌握，促进学生自觉地采纳和保持有益于健康的生活方式与行为，减少或消除影响健康的危险因素，为一生的健康奠定坚实的基础。而正确健康意识的树立，包括对健康概念的理解、健康理念的倡导、影响健康因素的分析以及健康问题的积极应对，能使学生呈现积极向上的生活和学习态度，养成科学对待健康问题的习惯，积极调整和矫正不健康的生活方式和行为，实现健康目标。在这个内涵框架中，健康知识、健康技能、健康意识和健康生活方式与行为一脉相承，更具体地诠释了中小学生群体健康素养的概念。

词汇释义

> **中小学生群体健康素养**指学生在学习健康知识和技能过程中逐渐发展起来的，具有获取、甄别和利用健康信息、产品和服务并做出正确决策的能力，以维护和促进自身及他人健康。

《北京市中小学健康教育指导纲要（试行）》指出，中小学健康教育要"着眼于学生适应社会发展和个人生活的需要，从健康知识与观念、健康基本技能、健康生活方式与行为等方面发展学生的健康素养，充分发挥健康教育的育人价值，促进学生的健康成长"。上述对中小学生群体健康素养及内涵的界定可以看作是对该纲要以发展学生的健康素养为宗旨理念的具体阐释。

三、怎样发展中小学生健康素养

纵观国内外，中小学健康教育的实施可以分为三种方式：作为独立的健康教育课程、以学科渗透的方式、以专题的方式。

1. 作为独立的健康教育课程

将健康教育作为独立的一门课程，每周安排固定的课时开展健康教育活动。各学校可以按照上述中小学健康教育课程体系提出的课程目标及具体内容，结合本校实际，设计适应每个学段学生需求的健康教育课程体系，制订相应的教学计划。需要强调的是，各个学段课程内容要兼顾健康生活方式与行为、疾病预防、心理健康、生长发育与青春期保健、安全应急与避险五个模块，并要按照年级的不同依次递进、逐级深化，使学生在校期间能接受连续、系统、有计划的健康教育，获得全面的健康认知和健康能力。课程评价要参照上述中小学生健康素养评价指标体系，以健康教育实施过程与健康教育实施效果作为重点，从学生健康意识的建立、基本知识和技能的掌握，及卫生习惯、健康行为的形成几个方面进行综合评价。

2. 以学科渗透的方式

将健康教育内容融入体育、生物、化学、历史、地理等课程的教学过程之中，这是目前我国中小学普遍采取的健康教育方式。

为提高健康教育的教学效果，学校应使全体教师都了解中小学生群体健康素养的概念及其内涵框架，明晰学科教学在提升学生健康素养中的作用，在其学科教学中自觉地将健康教育内容有机渗透到日常教学中。在与相关学科整合时要特别注意选择适合学生年龄特点的健康教育内容，帮助学生提高健康意识，掌握必要的健康知识与健康技能，建立健康的生活方式与行为，减少或消除影响健康的危险因素。

3. 以专题的方式

围绕学生群体中备受关注的健康问题，例如，艾滋病、毒品、肥胖、暴力伤害等，或者从学生发展的角度考虑如何应对未来社会各种重大健康问题的挑战，包括艾滋病与性健康、滥用药物等问题而进行的健康教育。以专题的方式实施健康教育要以提高中小学生群体的健康素养为宗旨，避免将健康教育窄化为健康知识的普及或健康教育理论的传授，要注意引导学生树立正确的健康观念，最大程度地预防学生发展过程中可能出现的不健康行为。

以上每一种实施方式都有其特定的目的和意义。各学校可以根据学校的具体情况采取不同的实施方式，例如，以单一的方式进行，或以两种或三种相结合的方式进行。相互取长补短既可丰富学校健康教育的内容又可提高学生的学习兴趣。

总之，学校健康教育是发展学生健康素养最直接、最有效的途径。学校健康教育要遵循的原则包括：

- 整体规划与具体实施相结合原则。中小学健康教育应尽量覆盖当代学生在成长过程中可能面临的生理、心理、社会等各方面的健康问题，因此需要整体规划以满足学生的不同需求。但是在具体实施中，由于学校课时的限制，可以多种形式在课堂教学、班队活动、课外活动以及学校各项工作中具体实施。

- 科学性与实效性相结合原则。要根据学生身心发展的规律和特点及学生不同成长阶段的实际需求科学地开展健康教育，注重健康教育的实践性与实效性，切实提高学生健康素养水平。

- 面向全体学生与关注个体差异相结合的原则。健康教育要面向全体学生，全面提高学生的健康素养；同时，要关注学生的个体差异，根据学生年龄、心理、性别等特点和发展需要，开展有针对性的教育和引导。

- 知识传授与技能培养相结合的原则。健康教育要关注学生在知识学习过程中养成健康生活技能，强调健康知识与健康技能并重，做到健康知识的掌握、健康技能的提高，以及健康意识的形成、健康行为和生活方式的养成相统一。

- 个体健康责任与社会责任意识相结合的原则。健康教育要让学生能够运用所学的知识和技能，帮助个人和群体掌握卫生保健知识，树立健康观念，合理利用资源，并采纳有利于健康的行为和生活方式，推动社会范围内健康促进的更好发展。

第二节　提高学生生活技能

学校健康教育的宗旨是发展学生的健康素养，其核心是使学生从知、信和行的统一中,从与学生健康密切相关的生活方式中,从学生行为的文化和心理基础中,找出对策,调整和矫正学生的健康行为,实现学生的健康目标。这就需要我们在开展健康教育时,要强调健康知识的理解与健康生活技能的掌握并重,通过一系列观察、交流、比较等学习活动,促进学生自觉地采纳和保持有益于健康的行为和生活方式,减少或消除影响健康的危险因素,为健康成长和幸福生活奠定基础。

一、什么是生活技能

随着新技术、新业态的迅猛发展,作为新时代的儿童青少年,不仅要具有相关的专业知识和专业技能,更应具有较强的学习能力,善于合作,勇于创新,而这些技能是"非工作的技能",是与学生在实际生活以及工作中解决实际问题和挑战相关联的"生活技能"。世界卫生组织(WHO)将生活技能定义为:个体采取适应和积极的行为,有效地处理日常生活中的各种需要和挑战的能力。生活技能包含哪些方面目前还没有统一的认识。有学者提出,生活技能分布在3个维度10个模块,包括自我认知、同理心、有效沟通、人际关系、情绪管理、压力管理、创造性思维、批判性思维、做决定、解决问题。简而言之,生活技能是重要的社会心理和人际交往技能。

知识卡片:生活技能的内涵[①]

维度	模块	具体阐释
人与自我	自我认知	个体能正确认识、评价和调节自我的能力。
	情绪管理	个体能够管理和调节自己情绪,以及保持平稳情绪的能力。
	压力管理	个体能够正确应对生活中的日常琐事或重大生活事件等所引发的压力感,并能够积极有效应对压力的能力。

---

① 沈绮云,欧阳河. 生活技能教育的理论基础与价值[J]. 校园心理,2019(6).

续表

维度	模块	具体阐释
人与自我	做决定	个体能够科学、客观、理性地根据实际情况对面临的问题、情境等进行分析和判断,并选择最恰当的方法和最佳行动方案,以高效地解决问题。
人与自我	解决问题	个体在面对问题、困难或者压力事件时,能够正确认识和分析问题,通过探索和实践解决问题、克服困难的能力。
人与他人	同理心	个体主动想要知道他人完整的、当前的和变化的意识,努力接收他人的沟通信息和含义,并把他人的言语和姿势转换成自己所体验到的意义。
人与他人	有效沟通	个体能够灵活、正确地运用言语或非言语信息与他人进行顺畅交流和交换及传递信息的能力。
人与他人	人际关系	个体能够与他人建立良好关系的能力,包括与他人建立友谊、合作、亲密关系等的能力。
人与社会	创造性思维	个体在遇到问题时,能够多角度、多侧面、多层次、多结构地去思考和寻找答案,不受限制和束缚地思考、认知和探索的能力。
人与社会	批判性思维	个体能够抓住要领、严格推断、质疑辨析、清晰敏捷地思维的能力。

二、健康教育中的生活技能教育

美国《健康与幸福》教材从健康教育的角度认为中小学生应该发展的十大生活技能包括实践健康行为,管理压力,运用沟通技能,获取有效的健康信息、产品和服务,运用拒绝技能,解决冲突,分析影响健康的因素,做负责任的决定,设定健康目标,做一名健康倡导者。

该教材将知识内容与生活技能进行了有意义的链接,使得健康教育课程目标更加明确(如下表所示)。

教材愿景：发展全体学生的健康素养			
知识单元	具体内容	十大生活技能	实践活动
A单元：心理和情绪健康	心理和情绪	健康教育的核心目标： （1）实践健康行为； （2）管理压力； （3）运用沟通技能； （4）获取有效的健康信息、产品和服务； （5）运用拒绝技能； （6）解决冲突； （7）分析影响健康的因素； （8）做负责任的决定； （9）设定健康目标； （10）做一名健康倡导者	● 角色扮演：如何拒绝烟酒 ● 为糖尿病人设计午餐 ● 分析酒精产品广告 ● 准备急救箱 ● 制作一份反对烟草的广告 ● 建造一个安全的游乐场 ● 成立收集健康信息委员会
	家庭和社交健康		
B单元：成长和营养	生长和发育		
	营养		
C单元：个人健康和安全	个人健康和体育运动		
	暴力和伤害的预防		
D单元：药品和疾病预防	酒精、烟草和其他药品		
	传染病和慢性病		
E单元：社区和环境健康	消费者健康和社区		
	环境健康		

教材中除了提供丰富的学习资源为学生的知识理解提供支持外，还提供了学习策略。这些学习策略以固定的程序体验形式呈现，帮助学生有效地掌握生活技能。教材中每一个健康生活技能都给出了明确的操作程序。如"分析影响健康的因素"技能具体操作程序为：

（1）确定可能对你产生影响的人和事；

（2）评估这些因素是如何影响你的健康和决定的；

（3）选择对健康有积极影响的因素；

（4）保护自己免受消极因素对健康的影响。

再如"设定健康目标"技能具体操作程序为：

（1）写出你想达到的健康目标；

（2）解释目标会如何影响你的健康；

（3）制订实施计划，并记录你的进展；

（4）评价计划的实施情况。

针对不同的年级和不同的内容，这些程序又有具体的细化。例如，5年级在"规划健康的生活"知识内容中，教材中呈现"设定健康目标"学习策略：

当你开始"设定健康目标"时，遵循以下程序很有用：

（1）写出你想达到的健康目标。

写下你的健康教育目标，如：我要进行足量的体育活动。

（2）解释目标会如何影响你的健康。

运用你的健康知识，探讨健康目标提高健康水平的方式，如：足量的体育运动可以让骨骼和肌肉保持强壮、保持健康的体重等。

如果需要，你可以求助父母或监护人。

（3）制订实施计划，并记录你的进步。

把你的计划写进健康行为合约，你必须记录自己的进步，把你的健康行为合约与父母或监护人分享，然后按计划进行。如：每天保证至少30分钟的体育活动。我将在日历上记录一周的实施情况，如果每天按计划进行了体育活动，我会在日历上画一个星星。

（4）评价计划的实施情况。

决定什么时间评价以及如何评价你的实施情况。

这些学习策略以程序体验的形式呈现在课堂活动中，帮助学生在活动中理解程序性知识运用的程序。这些实践体验活动不仅为学生有效掌握生活技能提供了帮助，还促进学生学习了调整和矫正健康行为相关的方法，使学习更加高效，非常值得我们借鉴。

总之，生活技能不同于专业技能，是学生应对日常生活的挑战而应该具备的技能。健康教育要关注在学生学习知识的过程中培养他们的生活技能。《北京市中小学健康教育指导纲要（试行）》指出，健康教育要高度关注学生学习过程中生活技能的养成，强调健康知识的理解与健康生活技能的掌握并重。

第三节　培养学生社会责任感

社会责任感是人们对于自身与社会之间相互关系的一种处理态度，它标志着人们能够认识和接受社会对于自身的要求，并把这种要求转化为自觉履行的义务。培养学生的社会责任感是学校健康教育的目标之一，对提高学生的品德修养、形成正确的道德观和人生观有着不可忽视的作用，也是提高学生健康素养的一项必不可少的重要内容。《北京市中小学健康教育指导纲要（试行）》强调，健康教育要为学生的个人生存、发展和交往等方面提供可持续的应对策略。要培养学生积极参与个人和社会事务的讨论，关注社会健康议题，辨别迷信和伪科学，宣传健康文明的生活方式，成为健康北京的促进者和实践者。

一、社会责任感的内涵

古罗马著名哲学家西塞罗说："任何一个人的生存都不是为自己而生存，每一个人都需要肩负推动社会和国家发展的重任。"责任感是社会群体或者个人在一定社会历史条件下形成的为了建立美好社会而承担的相应责任、履行各种义务的自律意识和人格素质。社会责任感作为一种道德情感，是一个人对国家、集体以及他人所承担的道德责任。

> **词汇释义**
>
> **社会责任感**是人们对于自身与社会之间相互关系的一种处理态度，它标志着人们能够认识和接受社会对于自身的要求，并把这种要求转化为自觉履行的义务。

中小学生是社会群体中人生观、价值观、世界观逐渐形成的群体，他们不仅需要正确的社会道德教育的引领，未来还需要肩负建设社会主义社会，实现"中国梦"的重任。这一切为中小学生社会责任感注入了新的时代内涵。可以这样认为，中小学生社会责任感的核心是一种道德情感，它是指中小学生在一定社会历史条件下所形成的为了建立美好和谐的社会而应承担的对自己、对家庭、对他人、对社会、对国家和民族、对环境、对人类的责任，履行各种义务的自觉态度和人格素质。

习近平总书记指出："每一代青年都有自己的际遇和机缘，都要在自己所处的时代条件下谋划人生、创造历史。青年是标志时代最灵敏的晴雨表，时代的责任赋予青年，时代的光荣属于青年。"在"立德树人"作为当代教育根本任务的今天，社会责任感成为了每个学生必备的素养之一，不仅仅是学生自身积极向上的一种认知态度，更是学生用自身所学报效社会、推动国家经济发展的重要体现。

二、社会责任感教育的目的

- 增强学生对待自己的责任感。通过社会责任感教育，帮助学生树立正确的人生观、价值观、世界观，培养科学认识事物的价值态度和思想道德境界。重视自己的身体健康，养成良好的卫生习惯，时刻保持健康向上的心态和充沛的体力、精力。
- 增强学生对待他人的责任感。通过社会责任感教育，帮助学生养成尊重他人和诚实守信的态度，同时愿意主动伸出援手帮助有困难的人。
- 增强学生对待社会的责任感。通过社会责任感教育，帮助学生形成规则意识，敬畏和遵守社会规则。做遵纪守法、具有道德底线、敢于维护社会正义的好公民。

- 增强学生对待生态的责任感。通过社会责任感教育，提高学生的生态认知能力，培养和树立保护环境意识及可持续发展意识，使他们明白，对待生态的责任无国家和民族的界限，是地球全人类共同的责任，在生态责任这一层面上，地球人处于一个命运共同体中。

综上所述，当代中小学生的社会责任感具有这个时代所赋予的特殊意义，主要包含了个人责任、他人责任、社会责任以及生态责任等。培养中小学生的社会责任感，是个人全面发展的应有之义，也是实现中国梦的必然要求，更是健康教育的重要内容。

三、社会责任感教育的策略

学校是对学生进行社会责任感教育的主要阵地，教师是对学生进行社会责任感教育的主体。在学校教育中，教师需要改革教学模式，要通过丰富多彩的形式有计划有目的地开展社会责任感教育。

- 依据青少年身心发展的实际情况，制定切实可行的培养措施，将社会责任感教育纳入日常教学中，帮助学生实现全面发展。
- 充分利用互联网、广播、宣传栏、微信、微博等载体，采取学生喜闻乐见的形式，开展寓教于乐的社会责任感教育活动。也可以通过班会、团会、校会、升旗仪式、墙报、板报等多种形式开展经常性的宣传教育活动，还可以利用团体辅导、专题讲座等方式开展社会责任感专题教育。同时营造服务社会、奉献社会的环境氛围，在社会活动中帮助青少年实现社会价值。
- 所有教师都要深入挖掘学科中潜在的社会责任感教育内容，将知识传授与情感培养结合起来，将技能培养与社会责任感教育渗透结合起来，善于运用启发诱导、肯定激励、合作探究等方式，弘扬社会主义核心价值观，反对个人主义、拜金主义等不良思想，既教书又育人，努力提高学生的社会责任感。

参考文献

[1] Nutbeam D. Health literacy as a public health goal: a challenge for contemporary health education and communication strategies into the 21st century [J]. *Health promotion international*, 2000, 15(3).

[2] Ormshaw M.J., Paakkari L.T., Kannas L.K. Measuring child and adolescent health literacy: A systematic review of literature [J]. *Health Edu*, 2013, 113(5).

[3] Renkert S., Nutbeam D. Opportunities to improve maternal health literacy through antenatal education: An exploratory study [J]. *Health Promt Int*, 2001, 16(4).

[4] Meeks L., Heit P. *Health and Wellness* [M]. New York: McGraw-Hill Education, 2005.

[5] 王建平,郭亚新. 构建学校健康教育课程体系意义及取向 [J]. 中国教育学刊, 2013(4).

[6] 余小鸣. 学校健康教育的发展及挑战 [J]. 中国健康教育, 2005, 21(5).

[7] 孙淑晶. 青少年社会责任感学校教育培养的现状研究 [J]. 科技经济导刊, 2019, 27(36).

[8] 沈绮云,欧阳河. 生活技能教育的理论基础与价值 [J]. 校园心理, 2019, 6(3).

[9] 胡骥. "95后"大学生群体社会责任感价值内涵探究 [J]. 世纪桥, 2018(2).

第三章
中小学健康教育的目标、任务和原则

本章从身体健康、心理健康和社会适应三个层面分析中小学健康教育的目标，并详细阐述中小学健康教育对学生健康成长的促进作用；以"健康中国战略"和《"健康北京2030"规划纲要》为出发点，结合学校实际情况和学生实际需求，剖析中小学健康教育的任务；最后详细解读在中小学开展健康教育需坚持的四个原则，尊重学生的身心发展规律，开展面向全体学生的、知识和技能并重的健康教育，最终使每个学生过上个体健康责任感和社会责任感共存的美好生活。

学校健康教育是公众健康教育的一个重要组成部分，也是学校核心素养教育的重要内容。学校健康教育以保护和促进在校学习学生的全面健康为终极目标，帮助他们理智地选择健康的生活方式，发展各种认知技能和行为技能，从而更好地应对未来的健康挑战，为终身的健康奠定基础。

第一节　中小学健康教育的目标

学校健康教育是根据一定的社会要求和社会条件，以学校为基础进行的一系列有计划、有组织的、以增进学生及学校全体人员健康为目的的系列教育活动。健康是个体实现能力发展的必要前提和基础。2016年8月，习近平总书记在全国卫生与健康大会上发表重要讲话指出：人们常把健康比作1，事业、家庭、名誉、财富等就是1后面的0，人生圆满全系于1的稳固。如果没有健康，人们追求的其他事物将是一场空。然而由于人们对于健康的理解不同，因此导致健康教育的目标不一致。

一、对学校健康教育目标的解读

传统的健康观认为只要不生病就是健康，因此对应的健康教育目标是如何预防和治愈疾病，将健康聚焦在保持和促进身体健康上，而当前多数人的健康观更趋向于整体观。

世界卫生组织在其宪章中把健康看作身体的、心理的和社会的一种完全安宁幸福的状态，而不仅仅是没有疾病和身体虚弱。这一定义改变了以往传统的健康观念，相对应的，健康教育的目标也是在身体、心理和社会适应层面上均衡发展，这一点也体现在前文提到的《健康与幸福》教材中，书中多次强调健康的三个层面：身体健康，心理和情绪健康以及家庭和社交健康。这三个方面的平衡使人各方面感觉良好从而自我感觉幸福，因此健康的三个方面是相互影响、相互促进的。不仅如此，此教材还强调健康教育不仅要教理念，更要教技能。在个体不同年龄和发展阶段对健康的三个方面进行不同侧重点的技能训练以帮助学生通过多种方式保持健康，使个体成为为自己和他人健康负责的倡导者。

《北京市中小学健康教育指导纲要（试行）》立足前文对健康的理解，在《中小学健康教育指导纲要》的基础上，将中小学健康教育目标聚焦于以促进学生身体健康、心理健康、社会适应良好三个层面的成长为核心，以发展学生健康素养为宗旨，将健康教育的目标阐释为"通过有目的、有计划地开展学校健康教育，帮助学生提高健康意识，掌握必要的健康知识与健康技能，养成健康的生活方式与行为，减少或消除影响健康的危险因素；引导学生主动宣传健康知识，增强维护健康的社会责任感"。与《中小学健康教育指导纲要》不同的是，《北京市中小学健康教育指导纲要（试行）》并没有在不同的年龄段给出具体的健康教育目标，而是将健康教育的目标凝缩在学校教育可教导、可评价，学生可学习、可获得的具体指标上，并且更强调受教育者将来作为社会公民的权利和责任。因此学校健康教育不仅需要从健康的三个方面及其相互关系中去理解和落实该纲要的健康教育目标，更要看到不同年龄阶段的学生不同的身心发展特点及其相应的健康意识、健康知识和健康技能的培养，最终帮助学生养成健康的生活方式与行为。

二、中小学健康教育目标的实现

学校是学生接受教育、形成技能的场所，也是发展健康意识和养成健康行为的重要场所。有学者指出，学校健康教育是一种最具潜力的健康教育方式，有着其他形式健康教育无法比拟的优势，有利于健康教育目标的实现。

（1）帮助学生提高健康意识。

学校健康教育能帮助学生逐步理解健康的三个方面和他们之间的关系；理解人们的行为会对健康的三个方面产生哪些影响；明确健康教育的目标对健康的促进作用；能够区分健康的行为和危险的行为，并坚持健康的行为方式，对自己的健康负责。

（2）掌握必要的健康知识与健康技能。

首先是健康知识。学校应根据学生的认知水平有层次、有目的地教授维持身心健康必备的基础知识，包括生长与发育、青春期保健、疾病预防、食物与营养、安全用药、环境健康、心理与情绪健康、适应社会等知识。此外，学校还应根据社会需求不断更新健康知识内容，如2020年初爆发的"新冠"肺炎疫情影响了每一位公民，这就需要学校完善学生的健康知识体系，增加有关"新冠"肺炎预防、治疗等知识，以及与之相关的健康行为和危险行为的界定等。其次是健康技能。学校应使学生明确掌握健康技能对实现健康目标、完善健康知识的影响，如：掌握获取有效健康信息、产品和服务，实践健康行为等基本技能以促进健康，避免或减少健康风险；掌握沟通、情绪表达和管理、自我认识和解决冲突等技能来增加心理和社会适应方面的健康；掌握设定健康目标、做有助于健康行为的决定等技能来维持和提升健康水平。与健康知识一样，学校也需要根据社会需求和环境需求来完善学生健康技能的习得，如：面对考试改革，学生需要具备适应未来社会、做好生涯规划等技能；海滨城市所属学校与内陆学校相比，要更多教授与台风、海边安全应急与避险等健康技能。

（3）养成健康的生活方式与行为。

首先，需要学生掌握健康的生活方式和行为包含哪些内容，如前文所述养成健康的生活方式，包括均衡膳食，适量运动，拒绝烟草、酒精和毒品，善于心理调节，养成良好的个人卫生习惯和正确利用公共卫生服务等。其次，需要学生明确健康的生活方式与行为对健康目标的影响，认同其是保持健康和为自己健康负责的必要途径。最后，需要学生理解养成健康的生活方式与行为需要坚持和不断实践，也就是确认"养成"一词的动态性和过程性，确保在养成健康的生活方式与行为时有坚定的信念和战胜困难的勇气与决心。

（4）减少或消除影响健康的危险行为。

健康行为是指可以提高健康水平、预防疾病、避免受伤和夭折、改善环境质量的行为。危险行为与健康行为相对应，指的是那些会威胁、破坏到健康，增加患病、受伤和夭折可能性，损害环境质量的行为，需要学校在健康教育中帮助学生学会区分。不同年龄特点的学生面临的危险行为既有共性也有差别，共性的危险行为包括缺乏睡眠和体育锻炼、同伴压力，以及不良社会风气影响下的危险行为、破坏环境的危险行为等。差别的危险行为则更多体现在年龄差异上，如在《"健康中国2030"规划纲要》中指出，要以青少年、育龄妇女和流动人群为重点，开展性道德、性健康和性安全宣传和干预，强调青少年的不安全性行为是影响青少年健康的危险行为。美国疾病预防与控制中心广泛收集了有关青少年危险的行为，总结出来六类危险行为，它们分别是：会导致有意或无意伤害的行为，使用烟草、使用酒精或其他药物，性行为，可能导致疾病的节食，缺乏体育锻炼。关于共性的危险行为，建议学校强化健康知识的传递和识别危险行为的技能，对于同伴压力和不良风气等，以社会主义核心价值观为指导开展价值观教育和自我认识教育。

所有的危险行为都需要学生掌握足够的健康知识去识别，需要娴熟的健康技能去远离，需要强大的自我约束去减少和消除。

（5）引导学生主动宣传健康知识，增强维护健康的社会责任感。

《国家中长期教育改革和发展规划纲要（2010—2020）》指出：坚持德育

为先，加强公民意识教育；坚持能力为重，促进学生主动适应社会，开创美好未来；坚持全面发展，加强体育、心理健康教育、美育等，使学生成为德智体美全面发展的社会主义建设者和接班人。由此可以看出，学校健康教育的目标是育人目标的重要组成部分，学校的健康教育目标不仅要指向学生的现在，更要指向使学生成为未来合法、负责、能够开创性地适应和创造美好社会的主体。因此，学生在学校健康教育过程中不仅要成为主动为自己的健康负责任的人，也要建立起为他人、社会和未来的大健康观。

中小学健康教育要通过学校健康教育人员的设计、实践去激发学生的主体地位，引导和激发学生的责任感和创造性，根据学生年龄特点和所处的发展阶段让学生学习和掌握健康知识宣传的方法和技巧。如小学生可以更多地激发其主动宣传健康知识的意识，采取绘画、海报制作、课堂演讲等形式增强学生维护健康的责任感。对具备自我反思和批判性思维的学生，可以使他们成为健康教育的主导者，加强与社区、社会机构、社会组织等部门合作，进一步引导学生主动宣传健康知识。生态发展观强调环境是一个不断变化发展的动态过程，因此，个体的发展受到人与环境的相互作用，如何在变动的环境中激发学生的主动性，需要学生内心有较强的社会责任感，也需要学校健康教育敏锐地捕捉教育契机，才能将环境的动态性、对学生的影响性和学生的主观感受结合在一起，帮助学生建立起系统的、生态的、动态的健康模型，去灵活处理生活中遇到的健康问题。

《国家中长期教育改革和发展规划纲要（2010—2020）》强调把促进学生健康成长作为学校一切工作的出发点和落脚点。中小学健康教育是根据个体的身心发展规律，结合学校所处的地区及环境要求，依托社会发展需求的动态过程，其总体目标是使学生在中小学期间完成从健康意识激发到健康知识掌握、从健康技能习得到健康生活方式的养成，最后能够成为健康的主动倡导者。

第二节　中小学健康教育的任务

中小学健康教育作为学校教育中的重要内容，既要服务于学生个体发展，又要将学生的发展放到国家健康战略和地方健康发展的大环境中。因此《北京市中小学健康教育指导纲要（试行）》指出，中小学健康教育的任务旨在落实党的十九大提出的"健康中国战略"和《"健康北京2030"规划纲要》的要求，把提高学生的健康素养作为根本出发点，开展面向全体学生的健康教育，提高学生的身心健康水平，减少和避免各种不利因素对学生健康的影响，培养具有社会责任感、创新精神和实践能力的社会主义建设者和接班人。

一、中小学健康教育的背景

随着经济社会持续发展和人民生活水平不断提高，党的十九大提出了"健康中国战略"，要完善国民健康政策，为人民群众提供全方位全周期的健康服务。中小学健康教育的开展是"健康中国战略"的重要一环，有助于提高全面健康意识，提高预防为主的健康思想；有助于全民开展爱国卫生运动，倡导健康文明生活方式，预防控制重大疾病等。尽管我国已经将健康教育课程归入学校教育体系，把健康教育作为所有教育阶段素质教育的重要内容，然而目前在学校教育中，仍存在着健康教育观念落后、健康服务针对性差、师资力量弱和教学方法落后等问题。

二、中小学健康教育的具体任务

学校不仅应具有发展学生学习能力的职能，还应肩负促进学生健康的功能。通过学校教育促使学生自觉养成健康的意识和行为，真正把健康作为自身发展和生活的一部分，只有这样才能让学生受益，更能促进全民健康素养的提升。因此中小学健康教育不仅要看到面临的问题，更应该明确当前的目标和任务，这样才能更好地做到为每个学生的健康负责，为实现"健康中国战略"做出贡献。

1. 把提高学生的健康素养作为根本出发点

《北京市中小学健康教育指导纲要（试行）》强调，学校健康教育要把培养青少年的健康意识，提高学生的健康素养作为根本的出发点。关于健康素养的内涵前文（第二章第一节）已经系统阐述，此处不再赘述。将提高学生的健康素养作为根本出发点意味着学校健康教育的规划、实施、监测、评价及相应的师资培养均要围绕着学生的健康素养展开，在具体教育实施过程中，相应的教育决策和教育行为也应服务于学生健康素养的提高。

2. 开展面向全体学生的健康教育

（1）学校应将健康教育始终贯穿于教育教学全过程。

在我国很多地方健康教育的主要负责人是校医、体育老师或者心理老师，综合各种因素来看，单纯由校医、体育或者心理老师负责健康教育显然是无法兼顾学生整体素养提升的。因此全体教师都应自觉在教育中遵循个体身心发展规律，将适合学生特点的健康教育内容有机渗透到日常教育教学活动中。同时教师要注意发挥"四个引路人"的作用，在健康教育中发挥自己的人格魅力和引领作用，为人师表，营造民主、平等的师生关系。学校健康教育要与班主任工作、班团队活动、社团活动、社会实践活动等有机整合，充分利用网络等现代信息技术手段，多种途径开展健康教育。

（2）学校应全面推进健康教育。

学校需要为健康教育的普及、巩固和深化做准备，从制度建设、课程体系建设，到师资队伍建设，相关教室、教具的准备，加强学校与社区、家庭、社会机构等渠道的健康教育网络和合作互助机制，全面推进健康教育科学有序地开展，规范学校健康教育服务体系，全面提升学生的健康素养。

（3）中小学健康教育应突出重点。

一是学校要利用课程科学系统地开展健康教育，加强健康教育师资队伍建设，逐步建立一支科学化、专业化的健康教育教师队伍，同时加强健康教育学科建设，切实发挥健康教育在预防和解决学生健康问题中的重要作用。二是学校要理顺本校健康教育工作机制，分类、有序进行，既要尊重学生的身心发展规律，也要尊重学校当地的文化和环境特征。三是区分健康教育的共性群体和个性群体，既要保证共性群体的健康教育服务到位，又要兼顾特需学生的特点，使全体学生的健康素养都能得到不断提升。

（4）中小学健康教育还要注意协调发展。

不仅学校要做到面向全体的健康教育服务，有关部门更应看到健康教育发展的不均衡性，尤其是区域、城乡、校级之间存在着发展的差距。因此，要坚持公共教育资源和优质教育资源向发展薄弱地区倾斜，逐步缩小发展差距。加强重点学校与普通学校、城乡中小学健康教育的交流与合作，实现健康教育的全覆盖和均衡化发展。同时对不同地区的师资队伍建设、课程内容遴选都要有所侧重和协调，提高中小学健康教育的教育质量和成效，促进学生健康素养的全面、协调发展。

3. 提高学生的身心健康水平

随着科学技术的发展和新兴边缘学科的问世，人类对健康的认识进一步深化，对健康的要求也越来越高。美国教育专家鲍尔（W. W. Bauer）认为："健康是人们身体、心情和精神方面都自觉良好，活力充沛的一种状态。"健康教育的任务是通过有目的、有计划、有组织的关于健康知识的传授和健康行为的培养活动，帮助学生自愿采取健康的行为，减少危险行为，激发社会责任感，最终实现身体的、心理的和社会的一种平衡和安宁幸福的状态。

（1）中小学健康教育要提供有助于学生身心健康发展的服务。

健康服务关系到学生的健康状况，是整个学校健康教育的重要一环，通常学校提供的健康服务是指通过对学生的生长发育与健康状况的观察、检查而进行生长发育与健康评价，并作出相应的健康指导，包括对传染病的控制和简易的急救服务。如北京市中小学经常开展的龋齿检查服务、传染病高发期教师对学生和家长提供的预防资讯以及学期中和学期末进行的综合素质评价等，入学时全校开展的心理健康普查、心理健康周等活动均属于健康服务的范畴。

（2）中小学健康教育教学要围绕身心健康展开。

与身体健康相关的内容包括运动卫生、生理发展规律、人体循环系统、呼吸系统等内容，还需囊括饮食习惯、体能管理、健康评估等内容；与心理健康相关的内容，参照《中小学心理健康教育指导纲要》（2012年修订）给出的心理健康教育的主要内容，包括：普及心理健康知识，树立心理健康意识，了解心理调节方法，认识心理异常现象，掌握心理保健常识和技能。其重点是认识自我、学会学习、人际交往、情绪调适、升学择业以及生活和社会适应等方面的内容。

（3）中小学健康教育的开展要从实际出发。

要根据不同地区的实际和不同年龄阶段的身心发展特点循序渐进，设置不同的阶段目标和教育内容，开展分类指导和服务。如身体健康教育在小学中高年级需考虑设置青春期健康的相关信息；心理健康教育在中学阶段需考虑生涯教育与心理健康的有机融合。此外，鉴于北京市健康教育开展的不均衡性，建议学校可以根据自己学校的具体情况、学生的实际需求和有效的教育活动来开展；同时加强学校之间的观摩与合作，逐步缩小不同地区和学校间的差距。

4.减少和避免各种不利因素对学生健康的影响

这意味着需要提供给学生健康的环境。学校的健康环境也常常被看作是学校的整体环境，如校舍、操场、教室，及其设备的卫生、清洁水的供应、厨房和厕所的管理与卫生、垃圾处理、学校运动设施等。好的学校环境可以激发和促进学生积极参加健康活动，有效避免不利因素对学生的影响。此外，学校环境还包括校风、学风、师生关系和校园文化建设、全体师生的健康状况及人际关系等，这些方面也影响了学生对各种不利因素的觉知和思考。总之，温馨整洁的校园环境、和谐自然的人际关系、积极向上的校园文化、符合学生身心发展规律的校园活动等，均可以帮助学生减少和避免各种不利因素对健康的影响。

中小学健康教育的目标之一即是减少和消除影响健康的危险行为。学生对不利因素的识别和应对在教学中应有所体现，如避免运动损伤、理性消费、意外伤害、户外安全、校园暴力等。同时学校健康教育实施者要有开放的心态和眼光，不应因自身价值观而限制学生学习的内容，如为中学生开设怀孕分娩、性传播疾病和艾滋病的预防等课程是非常有必要的。

要充分利用校外教育资源减少和避免不利因素对学生健康的影响。校外资源是指除学校资源之外的一切可用的教育资源，包括家庭、街道社区、青少年校外活动场所、群众自治性组织、社会团体等。充分利用这些资源才能开展多渠道、多途径的健康教育活动，营造全社会健康的大环境，减少不利因素对个体的影响。

减少和避免不利因素对学生健康的影响根本在于激发学生的主动性。健康教育的最终目的是使学生走出校园后依然能够自愿选择健康行为，自觉减少和避免不利因素的影响。因此在健康教育中要以学生为主体，以教师为主导，充分发挥学生的主动性，让学生充分理解不利因素对自身健康的影响，从而做出为健康负责任的决定、坚持健康的行为习惯、减少与不利因素的接触。

5. 培养具有创新精神和实践能力的社会主义建设者和接班人

健康教育是完善中国特色社会主义现代教育体系的重要环节。要将健康教育融入国家的人才培养计划之中，努力培养造就高素质的劳动者、专门人才和拔尖创新人才，培养具有创新精神和实践能力的社会主义建设者和接班人。

学校健康教育是健康中国战略的重要环节，当前中小学健康教育的对象是未来实现"健康中国2030"的主力军和中坚力量。因此学校健康教育要以提升学生的健康水平、培养健康的生活方式、提供优质高效的健康服务和完善健康保障体系、营造健康环境为己任，不断培养适合未来社会的健康人才。此外，21世纪的国际竞争实力更多是人力资源的竞争，人才的健康水平和健康素养更是人力资源竞争的核心力量。我国当前健康教育水平与世界发达国家和地区的健康教育水平还有较大差距，因此需要各级部门和学校有意识地加强健康教育，充分理解健康教育对未来的重要影响。

6. 健康教育要激发全民意识，引起全民共鸣

开展健康教育的最佳时间越早越好。我国最重视健康的人群是备受疾病影响的中老年群体和提前具备健康意识的公民。反观处在中小学阶段的学生，由于学业的压力、信息化时代电子产品的普及、教师和家长健康意识较为传统等因素影响，学生的体质状况令人担忧，尤其是肥胖率、近视率、肺活量、口腔保健等差距较大。只有加强全民意识，更新健康观念，重视健康知识和技能的培养，减少不利因素对健康的影响，才能真正提升他们的健康素养。

7. 健康教育要以权利激发责任，激发创新精神和实践能力

权利和责任往往是相统一的，在中小学健康教育中，学生既是权利的主体，也是责任的主体。学生通过学习和实践来不断体验自己的社会属性和社会责任，在这个过程中渐渐体验社会赋予的健康权利，如优美整洁的环境、高效的健康服务和完善的健康保障体系等。学生只有在受教育的过程中感受到权利被尊重和被肯定，才能主动、自觉地承担社会责任；而相应的社会责任会带来整体社会环境的改善、健康服务的提升和健康保障体系的更新，又能让每个身处其中的个体享受到健康的权利。由此形成良性的个人—社会—个人的循环，也由此才能激发个人将自己的健康利益与社会大健康氛围充分结合在一起，最终激发创新精神和实践能力，给健康知识的传播、健康技能的提升、健康环境的营造和健康生活方式的倡导等方面带来积极的影响（如图3-1所示）。

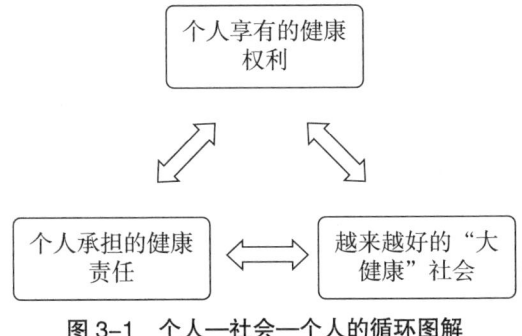

图3-1　个人—社会—个人的循环图解

中小学健康教育的根本任务是服务全体学生，要实现这一任务需要从学校到社会各级、从制度建设到师资培养、从学生个体到全民意识的不断进步和提升。在这个过程中，学校要紧贴当前实际，拓宽教育视野，抓住各种教育资源和契机，不断开展和完善多途径、多渠道的健康教育。

第三节 中小学健康教育的原则

《"健康中国2030"规划纲要》指出，推进健康中国建设，是全面建成小康社会、基本实现社会主义现代化的重要基础，是全面提升中华民族健康素养、实现人民健康与经济社会协调发展的国家战略，是积极参与全球健康治理、履行2030年可持续发展议程国际承诺的重大举措。未来10年是推进健康中国建设的重要战略机遇期。中小学健康教育也要利用好经济增长、消费结构改革、科技创新和制度更加成熟完善的健康保障，为推进健康中国建设，提高人民健康水平做出应有的贡献。北京市中小学也应抓住健康北京建设带来的重大发展机遇，落实首都城市战略定位，为健康北京建设做好人力资源的支持与培养。

健康教育主要包括健康服务、健康环境和健康教学三大方面。为使学生了解健康的知识，培养健康的行为和生活方式，激发社会责任感，中小学健康教育应遵循以下四个原则。

一、科学性与实效性相结合的原则

要根据学生身心发展的规律和特点及学生不同成长阶段的实际需求科学地开展健康教育，注重健康教育的实践性与实效性，切实提高学生健康素养水平。

《北京市中小学健康教育指导纲要（试行）》提出："根据儿童青少年生长发育的不同阶段，依照小学低年级、小学中年级、小学高年级、初中年级、高中年级五个学段，把个人卫生习惯，生长发育与性健康，营养与健康，疾病预防，烟草、酒精与毒品，心理健康，运动与健康，安全应急与避险等8个领域的具体内容合理分配到五个学段中，分别为学段一（小学1-2年级）、学段二（小学3-4年级）、学段三（小学5-6年级）、学段四（初中7-9年级）、学段五（高中10-12年级）。"体现了根据学生身心发展的规律和特点及学生不同成长阶段的实际需求科学开展健康教育服务的特点。

要针对不同年级的学生开展更具针对性的生长发育与健康状况的观察、检查和测评，并采用贴近学生实际需求的方式开展健康教育，如：处在学段一的学生可能存在识字量和阅读理解能力较弱的问题，且行为上自制力不强，因此学校提供健康服务时要加强与家长的沟通，获得家长的理解和支持；在健康知识传授和技能培养时，要更多提供中期评估和检查，必要时作出相应的健康指导；在特殊时期要贴近社会实际需求，如"新冠"肺炎疫情期间，尽管不能直接在课堂上讲述"新冠"肺炎的控制和预防，但学校可通过自己的公众号、教师录课、给家长的信等各种形式来给学生提供适切的健康服务。

学校健康教育环境的营造也要尊重个体身心发展规律，注重实践性和实效性。有效的健康教育环境能激发和促进学生积极参加健康活动，学校需在不同的年级或学段设置不同的教育环境。低年级更适合外显教育环境的打造，可以多设置活泼、示范性强、色彩鲜艳、容易吸引学生注意力的环境，也可以采用绘本、健康涂鸦墙等方式打造健康教育的环境。随着学生年龄的增大，学校的教育环境要更加系统、规范和有序。不管学生的年龄如何，校风校貌、校园文化建设和校园人际关系营造均应遵从教育向善向上的特点，潜移默化地影响学生的健康素养。此外，学校健康教育环境也应贴合学校实际情况和学生的实际需求，如物品的回收利用，城乡学校就可借助当地的常见物品和特色产品来打造学生更熟悉且易习得、可复制的健康环境。

学校健康教育教学要尊重学生身心发展的特点和规律，重视学生在健康教育中的主体地位,打造一支了解学生身心发展特点和规律、了解学生成长实际需求、贴近社会生活需要、具有开放性和创新性的健康教育教师队伍。此外,在实施健康教育教学时,教学计划制订、课程实施和课程评价既要以学生的身心发展规律和特点为出发点,也要以学生的身心发展特点为评价指标,将教师主导性与学生主体性相结合,在教师的指导下,科学开展健康教育。学校健康教育教学要重点突出,分类进行,即使是同一所学校,面对不同年级、不同班级的学生也要突出健康教育的差异性,必要时可采用前期调研的方式来设计教学目标和教学内容。需要注意的是,当前各学校分配给健康教育的课时不尽相同,这就需要在教学内容的遴选时关注学生的真实需求和发展需要,切不可一刀切。

尽管当前的健康教育教学仍以心理、体育、德育等教师为主,然而学校要有超前意识,理解健康教育人人有责这样的大趋势,将健康教育有效融入到学校的各种教育教学活动当中,只有这样才能切实提高学生的健康素养水平。

激发学生为健康负责的主动性也要考虑学生的身心发展规律,健康服务提供、健康环境营造、健康教学开展等既不能超前,也不能落后,要抓住健康教育的契机,让一切发生得"刚刚好"。

二、面向全体学生与关注个体差异相结合的原则

健康教育要面向全体学生,全面提高学生的健康素养;也要关注学生的个体差异,根据学生年龄、心理、性别等特点和发展需要,开展有针对性的教育和引导。

全体教师要树立健康教育意识,根据科学性与实效性相结合的原则来选取适合学生的共性的健康教育内容,也要有能力和方法去兼顾学生在健康素养上的个体差异。在师资队伍培养上,不仅要打造健康教育的专业教师,也要通过健康相关的通识培训、学科渗透、教师入职前后岗位培训等教育机会,来提高全体教师的健康教育意识。有学者建议在教师资格准入、师范生

培养、教师岗位要求等部分加入健康教育的通识内容考察，以确保全体教师都能在健康教育实施过程中提供面向全体学生的健康服务。同时教师要有意识地提升自身的健康素养，教师自身健康素养的培育过程，可以帮助教师推己及人，更好地兼顾学生的个体差异。

全体教师作为学校健康教育的主导，要尊重、平等对待每一位学生，努力促进健康教育的公平。关心每位学生的健康素养，不以年龄、性别、家庭经济条件、身心健康状况作为歧视或差别化对待学生的原因，更不能直接或间接容忍对学生健康产生不利影响的因素或环境。对待歧视、校园暴力等影响健康的行为要有制止的勇气和策略。与此同时，重视建立健康、平等、尊重的师生关系，平等的师生关系有助于推进健康教育的每一个环节，有助于教师更好地理解全体学生的需求，也有助于个别学生对教师更好地敞开心扉，获得关于健康的实际帮助。

健康教育与其他教育一样需要教师注意教育方式与方法，尤其是面对学生个体差异，既要尊重共性教育中的个体差异，又要能够完成个别学生的健康辅导。如中学生关于吸烟这一问题的认识，教师的教学目标是帮助学生明确吸烟对健康的损害，学会拒绝和远离可能的吸烟环境和诱惑，坚持健康、良好的行为习惯。那么在具体的教育教学中，教师要加强对受教育者的理解，如要区分有吸烟习惯的家庭和没有吸烟习惯的家庭中的学生在理解吸烟行为对健康的影响、避免吸烟行为对健康的损伤和坚持拒绝吸烟并养成良好习惯上的差异；同时教师应了解是否已经有学生开始吸烟的行为，要根据学生的实际情况（如迫于同伴压力、受到不良团伙的诱惑、家庭环境的影响）来制定不同的健康指导策略。

面向全体学生与关注个体差异相结合的原则需要教师注意学生原有的知识储备和成长环境。影响学生健康的共性因素包括大的社会环境、社会发展水平，国家和地方政策，身心发展的大规律等；个体差异则更多体现在学生成长的微环境和中间环境，包括学生家庭中的健康教育差别，学校原本的健康教育水平与当前教育目标之间的差异，以及学生成长环境之间的差异。如北京地区城乡差异造成了城乡学生成长环境的差异，也给健康教育带来了挑战。因此鼓励学校在健康教育课程的设计上要考虑这种差异才能保证学校办出特色、办出水平，才能更好地兼顾和培养学生自主维护健康的意识和能力。

健康教育只有面对全体学生且尊重每一个个体，才能有效提升教育质量，保证学有所教、学有所成、学有所用。

三、知识传授与技能培养相结合的原则

健康教育要关注学生在知识学习过程中养成健康生活技能，强调健康知识与健康技能并重，做到健康知识的掌握、健康技能的提高、健康意识的形成、健康行为和生活方式的养成相统一。

健康教育并不是纸上谈兵，健康知识的多少决定着健康生活技能掌握的快慢和深浅，健康生活技能的掌握又反过来影响健康知识的学习和掌握。学生的健康素养要完成健康知识与健康生活技能的统一，实现健康知识和健康生活技能之间的相互促进，因此健康教育既不是单纯的知识传授，也不是单纯的技能养成，而是要将二者有机结合，才能以知识促技能，以技能完善健康知识体系。

教师在进行健康教育时，需明确健康知识的获得和健康生活技能的培养间的差异。健康知识可以从书本上获得，可以通过课堂讲授来掌握，而健康技能只有通过反复的实践和练习才能获得。此外，健康知识要通过健康生活技能才能在日常生活中发挥作用，要把知识变成健康的行为和健康的生活方式，依赖于技能的培养和学习。传统的讲述式的学校教育不能替代健康技能的培养和训练，因此在健康教育实施时，要注意给健康技能的实践和练习留出时间和空间。

健康教育要合理设置知识传授和技能培养的目标，尽管健康知识和健康生活技能都包含了认知领域的目标，然而二者侧重点仍不相同。在不同目标的设置上，教师可参考布鲁姆等在1956年公布的教育目标，认知领域的目标从低级到高级，由简单到复杂分为：知识、领会、运用、分析、综合、评

价六个层次。在设置教学目标时需灵活地理解知识和技能，如健康的知识目标可以是分析层次，将整体材料分解成构成成分并理解其组织结构，如让学生学会区分健康的行为和危险的行为；也可以是运用层次，如将所学的知识、规则等运用于不同的情境中。由此可见，知识和技能的目标往往容易混在一起出现，需要健康教育实施者在具体实施过程中结合学生实际，深入理解并有效传达。

健康生活技能的培养可以参考技能培养的步骤。鉴于我国的教育历史和教育传统，学校教师通常擅长知识的传授，培养技能的能力却参差不齐。所谓技能是指通过练习而形成的合乎法则的活动方式，具有以下特点：技能是通过学习和练习而形成的，不同于本能行为，因此要提供适合的环境和矫正支持；技能是一种活动方式，是由一系列动作及其执行方式构成的，属于动作经验，不同于认知经验的知识，技能中各种动作要素及其执行顺序要体现活动本身的客观法则的要求。因此在培养健康生活技能时，要遵循技能的特点，教师要能够正确地示范与讲解，帮助学生不断地调节头脑中的动作表象，形成准确的定向映象；教师应留给学生机会和平台去进行必要而适当的练习，使学生在练习时真正掌握健康生活技能；教师要给予充分有效的反馈，引导学生改变不良的健康行为习惯，强化正确的健康技能，也可以增强学生学习的信心和克服困难的动力。

学校健康教育要将健康知识的传授和健康生活技能的培养有机结合，不能厚此薄彼，更不能彼此取而代之，才能更好地实现健康教育的目标。

四、个体健康责任与社会责任意识相结合的原则

健康教育要让学生能够运用所学的知识和技能，帮助个人和群体掌握卫生保健知识，树立健康观念，合理利用资源，并采纳有利于健康的行为和生活方式，推动社会范围内健康促进的更好发展。

学校健康教育是有计划、有组织、有目的的增进健康的系列教育活动。在系列教育活动的过程中不仅要检验学生知识的获得、技能的掌握，还要考

察学生对所学知识和技能的灵活运用能力。作为教育的重要一环，健康教育要培养学生既能实现个人健康生活方式又能推动社会健康发展的双重责任，以及在日常生活中将二者有机结合，自然而然地将个体健康和社会健康融合到日常生活当中去。

健康教育要激发学生为个体健康负责的主动性和积极性，培养在日常生活中创新和实践健康知识和健康技能的能力，提高领会和灵活运用健康知识和技能的水平。学校健康教育要使学生体验在健康知识的引导下实践健康的行为，健康的行为和健康的生活技能带来的良好生活体验反过来会促进学生对健康知识的学习。此外，教师还要引导学生明确不同的行为对健康的影响是不同的，从而更自觉地实践健康的行为，主动远离或减少危险的行为，最终促使学生能够主动学会设立符合自己的健康目标，培养健康的生活习惯和生活方式，并能够用掌握的健康知识和健康生活技能来灵活应对不同的情境。

学生社会责任感的培养要建立在学生身心发展特点及现实需求的基础上，一方面学校健康教育需要通过多种方式帮助学生树立责任意识，如通过班队会、读书会等活动帮助学生从小树立责任意识；也可以借助故事、新闻事件等生动具体的案例使学生体验到责任感，如"新冠"肺炎疫情期间挺身而出的白衣天使，全民偶像钟南山等，从而发挥"榜样"的示范作用。另一方面社会责任感的培养需要学校老师和家长以身作则，在学生面前履行自己应有的健康责任，保护环境、热心公益、做健康的选择，以及为自己的健康负责的习惯等，使学生感受到每个人都可以承担自己的责任，从而主动、积极地培养社会责任感。学校可以更多地创造同伴互助平台，让学生在体验中感受责任的力量。适度允许学生承担缺乏责任的后果，帮助学生理解健康的社会责任感对每个人的健康的积极影响。

学校必须立足教育和发展，培养学生的良好品质和健康行为习惯，挖掘学生的内在潜能。个体健康责任和社会责任的养成与教育的其他方面并不冲突，因此学校健康教育并不是独立于其他教育内容之外的，而是要将健康教育融入日常的各项教育教学活动中，挖掘学生的内在潜能和创造性，培养学生的良好品质和健康的行为习惯,这才是来源于生活并最终服务生活的教育。

参考文献

[1] 余小鸣. 学校健康教育的发展及挑战 [J]. 中国健康教育,2005,21(5).

[2] 琳达·米克斯,菲利普·海特. 健康与幸福(八年级下)[M]. 雷雳,译. 杭州:浙江教育出版社,2012.

[3] 王建平,郭亚新. 构建学校健康教育课程体系意义及取向 [J]. 中国教育学刊,2013(4).

[4] 蒋伟铭. 论学校健康教育的发展与对策 [J]. 昆明大学学报,2001(1).

[5] 罗伯特·斯莱文. 教育心理学(第10版)[M]. 姚梅林,译. 北京:中国人民邮电出版社,2018.

[6] 张芯,余小鸣. 学校健康教育实践与理论 [M]. 北京:北京大学医学出版社,2010.

第四章
中小学健康教育的主要内容

中小学健康教育的教学内容包括：个人卫生习惯，生长发育与性健康，营养与健康，疾病预防，烟草、酒精与毒品，心理健康，运动与健康，安全应急与避险等八个领域的具体内容。根据学生生长发育的不同阶段，把八个领域的内容分配到五个学段中，分别为学段一（小学1–2年级）、学段二（小学3–4年级）、学段三（小学5–6年级）、学段四（初中7–9年级）、学段五（高中10–12年级）。五个学段的内容相互衔接，循序渐进，不断强化和促进学生健康知识与技能的掌握、健康意识与观念的树立以及健康生活方式与行为的养成。

为全面了解北京市中小学生健康素养的现状，北京市中小学健康教育研究中心在2017-2018年对北京市16区中小学生随机抽样。根据调查结果和儿童青少年生长发育不同阶段的特点，《北京市中小学健康指导纲要（试行）》将中小学健康教育的内容划分为八大领域，分别是：个人卫生习惯，生长发育与性健康，营养与健康，疾病预防，烟草、酒精与毒品，心理健康，运动与健康，安全应急与避险。

第一节　个人卫生习惯

个人卫生习惯是健康生活的重要内容。随着社会发展，人们对健康有了更加深入的理解和更高的追求，个人卫生习惯不仅关乎个人健康，也是人类文明的重要标志之一。

在北京市中小学生健康素养现状调查问卷中，个人卫生习惯主要从勤洗手、常洗澡、早晚刷牙、饭后漱口、不共用毛巾和洗漱用品、不随地吐痰、不乱扔垃圾、咳嗽打喷嚏遮掩口鼻、雾霾天气保护自己的方式、食品包装袋的处理十个方面进行调查。结果显示，3-6年级小学生个人卫生习惯总体良好占比最高的是饭后漱口，达到49.4%，其次是不共用洗漱用品，达到35.0%；占比最低的是勤洗手，只有15.5%。初中生个人卫生习惯整体比小学

3-6 年级要好，其中饭前洗手、早晚刷牙、不随地吐痰、不乱扔垃圾和咳嗽遮掩口鼻五项的占比都在 80% 以上，最低的是饭后漱口，占比 51.0%。在雾霾天气保护自己方式的选择调查中，小学 3-6 年级有 81.3% 的学生知道雾霾天不能进行户外体育锻炼，但仍有 8.4% 的学生不知道防雾霾口罩的作用，1.9% 的学生不知道怎么应对雾霾天；初中生有 84.7% 的学生知道雾霾天不能进行户外体育锻炼，但仍有 5.2% 的学生不知道防雾霾口罩的作用。在包装垃圾处理情况调查中，小学 3-6 年级有 84.9% 的学生知道分类放置，10.5% 的学生不分类放置，3.9% 的学生选择就近丢弃；初中生有 73.7% 的学生知道分类放置，19.8% 的学生不分类放置，1.1% 的学生选择就近丢弃。

从调查数据看，不论是小学生还是初中生，在个人卫生习惯方面的健康素养还有待提高。

一、什么是个人卫生习惯

个人卫生习惯是健康生活方式的重要组成部分，是指有益于健康的卫生方面习惯化的行为方式，主要表现为个人卫生习惯、饮食卫生习惯、环境卫生习惯等内容。中小学是孩子生活习惯、行为方式形成的重要时期，在这个阶段引导和培养他们个人卫生行为习惯的养成，会对他们一生的健康生活和行为方式产生积极作用。

个人卫生习惯具体包括：不随地吐痰，不乱丢果皮纸屑等垃圾；咳嗽、打喷嚏时遮掩口鼻；勤洗澡、勤换衣、勤洗头、勤剪指甲；不共用毛巾和牙刷等洗漱用品（包含沙眼的预防）；不随地大小便，饭前便后要洗手；掌握正确的洗手方法；掌握正确的眼保健操方法；每天早晚刷牙，饭后漱口；掌握正确的刷牙方法以及选择适宜的牙刷和牙膏；预防龋齿（认识龋齿的成因、注意口腔卫生、定期检查）；经常开窗通气有利健康；文明如厕、自觉维护厕所卫生；知道蚊子、苍蝇、老鼠、蟑螂等会传播疾病；读书写字、看电视、用电脑的卫生要求；预防近视（认识近视的成因、学会合理用眼、注意用眼卫生、定期检查）；预防眼外伤；不吃不洁、腐败变质、超过保质期的食品；生吃蔬菜水果要洗净；睡眠卫生要求；生活垃圾分类放置。

二、养成个人卫生习惯的重要性

近年来，全国各地在推进培养中小学生个人卫生习惯方面做了大量工作，取得了积极进展，但健康教育的覆盖面不广、针对性不强、措施落实不到位等问题仍然突出；部分学生个人卫生习惯意识淡薄，维护和促进自身卫生习惯养成的能力不足，其中，睡眠不足、作息不规律、个人卫生习惯不好等不健康生活方式正在成为影响学生健康的危险因素。

著名教育家叶圣陶先生曾经说过，"什么是教育？简单一句话，就是要养成习惯"，而"教师工作的最终目的，无非是培养学生具有各种良好的文明习惯，如热爱国家，关心他人的习惯，求实探索的习惯等"。一个好的习惯会使人受益终身。在现如今的教育中，最容易忽视的是培养学生良好的健康文明习惯。良好的健康文明习惯是保证学生健康的必要条件。养成良好的个人卫生习惯，不仅是进一步学习与发展的需要，是素质教育全面发展的重要内容，会让学生终身受益，而且对改变国家和民族的卫生面貌，提高全民族的素质，都具有重要意义。

由于多种因素影响，很多学生形成了一些不良的卫生习惯，例如，乱扔包装袋、果皮和果壳，不修指甲，不经常洗澡、洗手、更换衣服等，这些不健康行为会影响学生的心理状态，影响学校的风貌。

2016年《中国健康教育》第8期报道了北京市丰台区城市居民个人卫生习惯现状分析，文中指出丰台区城市居民正确洗手率为7.0%，80.2%的居民家庭没有毛巾共用的现象，78.3%的居民能够早晚都刷牙，仅有43.2%的居民更换牙刷的次数≤3个月，94.4%的居民家庭没有共用牙刷的现象，夏季女性居民洗澡频率≥3次/周的人数（84.3%）高于男性（74.6%），冬季不同性别的居民洗澡频率无差异。洗衣服时，每次都把内衣和外衣分开洗的女性居民人数（81.4%）高于男性（62.3%）。这份数据是城市居民个人卫生习惯的调查结果，一定程度上揭示了北京市中小学生在个人卫生习惯方面存在的问题，为后续开展学校健康教育提供了思路。

三、中小学个人卫生习惯的教育内容

《北京市中小学健康指导纲要（试行）》要求各学校在开展个人卫生习惯方面的健康教育时，需要将个人卫生习惯的教育内容进行规划和组织，并且分学段设置具体的教育内容，从不同年龄阶段学生的身心发展特点出发，循序渐进地将个人卫生习惯的教育内容贯穿于中小学生在校学习的全部阶段。

1. 小学低年级个人卫生习惯的教育内容

小学 1-2 年级个人卫生习惯的要点为：掌握正确的个人卫生知识，养成有益于健康的日常生活卫生习惯和行为；掌握保护牙齿和眼睛的常识；了解环境卫生对个人健康的影响，学习垃圾分类放置的方法，初步树立维护环境卫生的意识。具体包括：

（1）洗手。

洗手是个人卫生的关键内容，同时也是预防感染性疾病最有效的手段之一。根据世界卫生组织的要求，正确洗手习惯需要同时满足 4 个标准：第一，吃东西前、上厕所后、干完活/下班后、接触钱币后、去医院/接触病人后等 5 种情形下每次都洗手；第二，洗手时使用流动水冲洗；第三，洗手时使用肥皂、香皂、洗手液等清洁用品；第四，洗手时长不少于 20 秒。用正确的方法洗手能有效地防止感染及传播疾病。

（2）刷牙。

每天早晚刷牙，饭后漱口；吃东西、喝饮料后要漱口，及时清除口腔内食物残渣，保持口腔卫生；提倡使用牙线。正确的口腔健康观念与口腔健康行为是保持口腔健康的重要措施，也是自我口腔保健的重要内容。专家建议 3 个月更换一次牙刷，因为用久了牙刷毛会弯曲，弯曲的牙刷毛不仅不容易刷净缝中的食物残渣，还会损伤牙龈，另外用久了的牙刷头内易滋生细菌。

（3）洗头洗澡、不共用毛巾。

勤洗头、勤洗澡可以有效地保持身体的卫生，但有研究表明，频繁的洗澡会洗去身上本来就不多的皮脂，加剧皮肤干燥，皮肤受损会引起免疫能力下降，甚至导致皮肤癌。因此勤洗澡讲卫生是好事，但不应该过于频繁，每周 2~3 次即可。

洗头、洗澡和擦手的毛巾应保持干净干燥，并且做到一人一盆一巾，不与他人共用毛巾和洗漱用具，防止沙眼、急性流行性结膜炎（俗称红眼病）等接触性传染病传播；也不要与他人共用浴巾洗澡，防止感染皮肤病和性传播疾病。

（4）洗衣。

穿过的衣服会携带多种细菌，暴露在灰尘中的外衣更是不能幸免，包括一些强致病菌。据统计，一件衣服每平方厘米的面积上就有约 10~100 个微生物，即使用洗涤剂清洗，也只能去除 80% 的细菌，漏网的细菌还会造成交叉感染。因此内衣、外衣必须分开清洗。

（5）用眼卫生及预防近视。

中国是一个近视大国，而且近视逐渐低龄化。近视不仅使日常生活受到影响，更容易引发眼病。例如，当眼睛近视的时候，会看不清黑板上的字迹，上课注意力难以集中，影响学习。当眼睛长期处于紧张的调节状态下，就会加快近视的发展。

那么，该如何保护眼睛呢？

- 读写姿势要正确。在读书或写字时，眼与书本要保持一尺左右的最佳距离。为此，桌和椅的高低要配套得当，高椅低桌或低椅高桌都不利于眼睛的健康。写字时不要歪头，不要在行走、坐车或乘船途中读书和看报。
- 读写时间要适宜。看书、写字、绘图等用眼时间过长，容易使眼肌疲劳，导致近视。故每读写一小时左右，应到室外远眺或体育活动 10 分钟，这是消除眼肌疲劳、防止发生近视的有效方法。
- 光线要充足。充足的光线是保持视力正常的重要方面，不可在过暗的光线下读书写字。夜间读写时，灯光不可过暗，亦不可晃动或刺眼。光线应来自左前方，避免阴影遮挡视线。不可在强光（如日光或刺目的灯光）下、花影下看书写字，以减少眼内晶状体和睫状体的调节负担。

- 看电视时间不可过长。电视为动态画面，观看时间过长，易导致眼肌疲劳，引发近视。故看电视时间不宜过长，一般要控制在2小时以内，且每看30分钟，至少休息5分钟，以使眼睛得到休息。看电视的距离要适宜，一般应在2米以外，角度倾斜不宜超过45度。在看电视的房间内，要有一定亮度的照明，可开一盏小灯，但光线不可直接照在荧光屏或眼睛上，最好放在后方或旁边。电视调试时，电视屏上跳动的画面极为伤眼，要闭上眼睛，免受刺激。
- 坚持做眼保健操。做眼保健操是预防近视行之有效的方法，应每日坚持不懈。也可轻轻按摩上、下眼睑，或闭目养神，以有利于眼肌疲劳的恢复。
- 加强身体锻炼。提倡户外活动，常晒日光，呼吸新鲜空气。生活要有规律，早起早睡，保持充足的睡眠及适当的休息。
- 注意营养均衡。不偏食，不吃零食，多吃素食和富含维生素的食品及钙质食品，如猪肝、牛奶、鸡蛋等。
- 定期检查视力。要定期做视力检查，并根据视力情况对学习、保养进行适当调整。

（6）垃圾分类。

一般是指按一定规定或标准将垃圾分类储存、投放和搬运，从而转变成公共资源的一系列活动的总称。分类的目的是提高垃圾的资源价值和经济价值，力争物尽其用。从国内外各城市对生活垃圾分类的方法来看，大多是根据垃圾的成分、产生量，结合本地垃圾的资源利用和处理方式来进行分类的。进行垃圾分类收集可以减少垃圾处理量和处理设备，降低处理成本，减少土地资源的消耗，具有社会、经济、生态等方面的效益。

2. 小学中年级个人卫生习惯的教育内容

小学3-4年级个人卫生习惯的要点为：进一步掌握正确的个人卫生知识，了解牙齿保健和用眼卫生常识，了解睡眠卫生要求，养成良好的作息习惯；了解水和空气污染的途径，知道水和空气污染对健康的影响；能做到分类放置生活垃圾，养成维护环境卫生的习惯。具体包括：

（1）牙齿保健。

要做到牙齿健康，首先要早晚刷牙，饮食后漱口。其次要定期去医院做检查，条件允许的情况下，每隔6个月就要去医院做一次口腔检查，及时发现口腔问题，提高治愈率。若出现口腔疾病，需要在医生的指导下进行专业的诊断和治疗。最后，要养成良好的饮食习惯。要控制糖的摄入量，吃糖太多容易诱发蛀牙；要保证充足的蛋白质，每天至少要有300克的蛋白质摄入；要多吃一些富含膳食纤维的食物，因为膳食纤维能够刺激牙龈血液循环，提高其抵抗力，同时也能促进胃肠道蠕动。

（2）睡眠卫生。

任何生命活动都有其内在的节律性。生活规律对健康十分重要，工作、学习、娱乐、休息、睡眠都要按作息规律进行。注意劳逸结合，保证充足的睡眠，培养有益于健康的生活情趣和爱好。睡眠时间存在个体差异，成人一般每天需要7~8小时睡眠，儿童和青少年需要更多睡眠，一般讲，小学生每天睡眠时间不少于10个小时，初中生不少于9个小时，高中生不少于8个小时。

（3）水和空气污染对健康的影响。

生活饮用水受污染可以传播肠道传染病等疾病，还可能引起中毒。因此，要注意生活饮用水安全。保障生活饮用水安全卫生，首先要保护好饮用水源。受污染水源必须净化或消毒处理后，才能用作生活饮用水。世界卫生组织的专家估计，在发展中国家约有80%的疾病和1/3死因与水有关。人体中70%~80%是水分，水既是维持生命和健康的必要条件，又是许多疾病的传播媒介。因此，保护水源和注意饮水卫生是预防疾病的重要措施。

据调查，饮用受污染的水，肝癌和胃癌等癌症的发病率，要比饮用清洁水的人高。当含有汞、镉等元素的污水排入河流和湖泊时，水生植物就把汞、镉等元素吸收和富集起来，鱼吃水生植物后，又在其体内进一步富集，人吃了中毒的鱼后，汞、镉等元素在人体内富集，使人患病。

大气污染物对人体的危害是多方面的，主要表现是呼吸道疾病与生理机能障碍。当大气中污染物的浓度很高时，会造成急性污染中毒，使病状恶化，甚至在几天内夺去几千人的生命。即使大气中污染物浓度不高，但人体成年累月呼吸被污染了的空气，也会导致慢性支气管炎、支气管哮喘、肺气肿及肺癌等疾病。

（4）不吃变质、超过保质期的食品。

储存时间过长或者储存不当都会导致食物受污染或者变质，受污染或者变质的食品不能再食用。任何食品都有储藏期限，在冰箱里放久了也会变质。购买预包装食品时要查看生产厂家名称、地址、生产日期和保质期，不购买标识不全的食品，不吃超过保质期的食物。

3. 小学高年级个人卫生习惯的教育内容

小学 5-6 年级个人卫生习惯的要点为：掌握青春期个人卫生知识和变声期的保健知识；了解用眼保健的常识；合理安排学习、生活和休闲时间，养成健康的生活方式；掌握甄别健康产品、信息和服务的技能；了解环境污染等环境问题的危害，树立保护环境的意识。具体包括：

（1）青春期个人卫生知识。

青春期是身体和心理逐渐成熟的关键时期。处于该时期的青少年，应多吃含蛋白质、钙、磷和维生素比较丰富的食物，不要偏食；养成良好的个人卫生习惯，勤洗澡、勤换衣、勤理发、勤剪指甲、勤洗被褥；讲究饮食卫生，不喝生水，不吃生冷和不清洁的食物；不暴饮暴食，不吸烟，不喝酒；饭后半小时内不做剧烈运动；注意保护眼睛，坚持用眼卫生，做到看书、写字脊椎不弯曲；男生要保护嗓子，不要大喊大叫；女生不要紧腰束胸，否则会影响身体的发育；积极参加体育锻炼，按时作息，注意劳逸结合。

（2）掌握甄别健康产品、信息和服务的技能。

日常生活中，要有意识地关注健康信息。遇到健康问题时，能够积极主动地利用现有资源获取相关信息。对于各种途径传播的健康信息能够判断其科学性，不轻信、不盲从，优先选择政府、官方媒体等正规途径获取健康信息。对甄别后的信息能够正确理解，并自觉应用于日常生活，维护和促进自身及他人健康。

（3）适时开窗通风。

根据天气变化和空气质量情况，适时开窗通风，保持室内空气流通。阳光和新鲜的空气对维护健康不可或缺。阳光中的紫外线能杀死多种致病微生物，让阳光经常照进室内，可以保持居室干燥，减少细菌、霉菌繁殖的机会。开窗通风，可以保持室内空气流通，使有害气体或病菌得到稀释，预防呼吸道传染病发生。雾霾、沙尘天气时，应关闭门窗，减少室外颗粒物进入室内；遇到持续雾霾天气时，应选择空气污染相对较轻的时段，定时通风换气，否则有可能造成室内二氧化碳浓度过高，出现缺氧。

4.初中阶段个人卫生习惯的教育内容

初中阶段个人卫生习惯的要点为：进一步掌握青春期卫生保健知识，认识到不良的卫生和生活习惯会危害健康；能够甄别和评估与健康有关的产品、信息和服务；了解环境问题产生的原因和保护环境的措施，树立节约资源、保护环境的意识。具体包括：

（1）了解不良卫生和生活习惯的危害。

不良生活方式有害健康，中小学生日益凸显的近视、龋齿问题，很大程度与他们的用眼卫生、口腔卫生相关，因此，在初中阶段的健康教育中，要让学生认识到讲卫生、爱清洁是一个人文明的象征，每个人都应该养成良好的卫生和生活习惯。

（2）甄别和评估健康产品、信息和服务的能力。

初中学生要能看懂食品、药品、保健品的标签和说明书。食品标签包括食品名称、配料表、净含量和规格、生产者和（或）经销者的名称、地址和联系方式、生产日期和保质期、贮存条件、食品生产许可证编号、产品标准代号及其他需要标示的内容。食品标签向消费者提供食品营养信息和特性的说明，包括营养成分表、营养声称和营养成分功能声称。营养成分表以一个"方框表"的形式标有食品营养成分名称、含量和营养素参考值（NRV）百分比，强制标示的核心营养素包括蛋白质、脂肪、碳水化合物和钠。

药品的标签是指药品包装上印有或者贴有的内容，分为内标签和外标签。药品内标签指直接接触药品的包装的标签，外标签指内标签以外的其他包装的标签。药品的内标签应当包含药品通用名称、适应证或者功能主治、规格、用法用量、生产日期、产品批号、有效期、生产企业等内容。药品外标签应当注明药品通用名称、成分、性状、适应证或者功能主治、规格、用法用量、不良反应、禁忌、注意事项、贮藏、生产日期、产品批号、有效期、批准文号、生产企业等内容。麻醉药品、精神药品、医疗用毒性药品、放射性药品、外用药品和非处方药的标签，必须印有规定的标识。

药品说明书应当包含药品安全性、有效性的重要科学数据、结论和信息，用以指导安全、合理地使用药品。药品说明书的具体格式、内容和书写要求由国家食品药品监督管理总局制定并发布。药品说明书上必须注明药品的通用名称、成分、规格、生产企业、批准文号、产品批号、生产日期、有效期、适应证或者功能主治、用法、用量、禁忌、不良反应和注意事项。

非处方药是可以自行判断、购买和使用的药品。非处方药分为甲类非处方药和乙类非处方药，分别标有红色或绿色"OTC"标记。甲类非处方药须在药店执业药师或医师指导下购买和使用；乙类非处方药既可以在社会药店和医疗机构药房购买，也可以在经过批准的普通零售商业企业购买。乙类非处方药安全性更高，无需医师或药师的指导就可以购买和使用。

保健食品标签和说明书不得有明示或者暗示治疗作用以及夸大功能作用的文字，不得宣传疗效作用。必须标明主要原（辅）料、功效成分或标志性成分及其含量、保健作用和适宜人群或不适宜人群、食用方法和适宜的食用量、规格、保质期、贮藏方法和注意事项、保健食品批准文号、卫生许可证文号、保健食品标志等。

5. 高中阶段个人卫生习惯的教育内容

《北京市中小学健康指导纲要（试行）》对高中阶段个人卫生习惯提出了更高的要求，包括：能够识别身体发出的异常信号，及时就医；学会甄别、评估和利用有效的健康信息、产品和服务；了解影响健康的环境因素和视力不良的矫正方法，认识到环境问题对人类生存的影响，树立人与自然的生命共同体意识。

总之，学生良好卫生习惯的养成能使他们受益终生。这不能仅依靠教师来完成，家庭和社会也要参与其中，给予学生更多的关注。家长是学生的第一位老师，家长的行为对学生有着深刻的影响，因此家长要以身作则。学校应该采取适宜的方式加强与家长之间的沟通，采取有针对性的措施培养学生良好的个人卫生习惯。在家庭和教师的共同努力下，促使学生养成良好的个人卫生习惯。

第二节　生长发育与性健康

生长发育与性健康是儿童青少年健康教育的重要内容。为全面了解中小学生生长发育与性健康方面的现状，北京市中小学健康教育研究中心从隐私部位知晓情况、被人触碰隐私部位经历、被触碰后的反应、艾滋病传播途径知晓情况及对自身身体状况的总体评价五方面对小学 3-6 年级学生进行调查。从获取性知识的主要渠道、隐私部位出现问题的做法、对于课堂讲解性知识的认同度、艾滋病传播途径知晓情况和对自身身体状况总体评价五方面对初中学生进行调查。

小学 3-6 年级学生调查结果显示：90.6% 的学生知道背心、短裤遮挡部位是隐私部位，1.9% 的学生认为头、手等部位是隐私部位，7.5% 的学生不清楚；在被人触碰隐私部位方面，84.6% 的学生没有相关经历，但被同学触碰的为 11.3%，被成人触碰和触碰过别人的分别为 4.1% 和 4.4%；在被触碰后的反应方面，76.9% 的学生会主动反抗，17.7% 的学生求助家长，忍气吞声和无所谓的各占 2.7%；在艾滋病传播途径知晓方面，61.0% 的学生认为是与被感染者的体液或血液接触，22.1%的学生认为是空气传播，14.8%的学生不清楚；在自我评价方面，54.4%的学生认为身体状况很好，33.2%的认为较好，认为一般、较差和很差的各占9.6%、2.0%和0.7%。

初中学生调查结果显示：获取性知识的主要渠道，通过学校教育的占74.4%，通过网络学习的占66.7%，通过图书、报纸、杂志及和同学交流的方式均为52.5%，通过家庭教育的为43.9%，通过电视广播的为38.0%；初中生隐私部位出现问题的倾向做法中，67.1%的是咨询父母，49.4%的是咨询医生，52.4%的是查阅资料，还有8.2%的是闷在心里；对于老师课堂讲解性知识，43.6%的学生认为有些必要，39.9%的认为非常必要，还有13.9%的认为无所谓，2.6%的认为没有必要；在艾滋病传播途径知晓方面，知道血液传播的占82.4%，认为是空气传播的为16.2%，有0.8%认为接触或握手会传播；在自我评价方面，30.8%的学生认为身体状况良好，43.5%认为较好，认为一般、较差和很差的各占20.7%、3.9%和1.1%。

通过以上数据可以看出，小学生和初中学生对于生长发育及性健康有一定的认知，但也存在很多问题，开展中小学生生长发育与性健康的教育迫在眉睫。

一、什么是生长发育与性健康

生长和发育是两个不同的概念。生长是指生物体内细胞数量增多，细胞内蛋白质积累而使体积增大以及细胞间质的增加。生长是从受精卵开始，直至个体或组织衰亡为止的持续过程，生长表现为全身各部分、各器官、各组织的大小、长度及重量的增加，以及组织的更新和修复。发育是指身体各系统、各器官、各组织的构造和机能从简单到复杂的变化过程。从广义上讲，发育也包括心理、智力和行为的改变。

成熟是指生长发育发展到一个比较完善的阶段，标志着个体发育在形态、生理和心理上已达到成人的阶段，例如，在身高、体重等方面，已达到了稳定的水平，骨骼、牙齿的钙化已基本完成，性发育也已成熟，具备了繁殖后代的机能。

📝 词汇释义

> **青春期**通常指从儿童生长发育到成人的过渡时期，是从第二性征开始出现至性成熟、生长突增至体格发育完全的这段时期。

人的生长发育从受精卵开始，直至长大成人，是持续不断进行的。在人的生长发育中，青春期所占的时间比较长。在青春期，人体的形态、生理、心理和行为等都发生很大的变化，这些变化又易受环境因素的影响，这在人类进化上究竟有何重要意义、是否与人类适应复杂的社会生活而需要更多的养育和学习时间有关，还有待于进一步研究。

世界卫生组织认为，随着人类文化和生活水平的提高，人类的性问题对个人健康的影响将远比人们以前所认识的更为深入和重要，对性的无知或错误观念将极大地影响人们的生活质量。性健康是指具有性欲的人在躯体、感情、知识、信念、行为和社会交往上健康的总和，它表现为积极健全的人格、丰富和成熟的人际交往、坦诚与坚贞的爱情和夫妻关系，主要包括三个方面内容：

（1）根据社会道德和个人道德观念享受性行为和控制生殖行为的能力；

（2）消除抑制性反应和损害性关系的不良心理因素，如恐惧、羞耻、罪恶感等；

（3）没有器质性障碍、生殖系统疾病及妨碍性行为与生殖功能的躯体缺陷。

二、中小学生长发育与性健康的教育内容

《北京市中小学健康教育指导纲要（试行）》要求各学校在开展生长发育与性健康方面的健康教育时，需要将生长发育与性健康的教育内容进行整体规划，根据学段设置具体的教育内容，从不同年龄阶段学生的身心发展特点出发，循序渐进地将生长发育与性健康的教育内容贯穿于中小学生在校学习

的全部阶段。

1. 小学低年级的教育内容

《北京市中小学健康教育指导纲要（试行）》指出小学 1-2 年级生长发育与性健康的教育内容及要点包括：了解生命孕育和成长的基本知识；知道"我从哪里来"，知道性别的概念；能够认识并保护身体隐私部位，知道人与人之间的身体界限。

（1）正确的身体姿势。

身体姿势包括坐、立、行姿势，甚至也包括读写姿势。小学生正处于生长发育的关键时期，"站如松，坐如钟，行如风"，我国古代关于骨骼保健的这句格言是很有借鉴价值的。少年儿童的骨骼组织中，钙质等固体无机盐含量较少，有机物含量较多，具有较大的可塑性。保持良好的坐、立、行姿势，有利于身体的健康发育，保持健美的体型。如果养成了不良姿势，不仅会使脊柱畸形，影响体态健美，还会妨碍内脏器官的正常发育。

知识卡片：正确的站姿、坐姿和走路姿势

正确的站姿应当是"站如松"。昂首挺胸，表情自然，胸稍前挺，微收腹，两眼平视前方，不耸肩，两臂自然下垂，足跟靠拢，足间夹角为 45 度。身体的重心处于两足间的前端，像松树一样端正稳健。

正确的坐姿应当是"坐如钟"。坐时胸部和腹部挺直，臀部稳重地落于凳子的正中或稍后，大腿保持水平，两脚自然平放，不耸肩、不歪头，头部、脖颈与身体尽量保持直线，双肩微微向后舒张。需要注意的是，身体不要过度前倾，脚底触地时，膝盖下方的小腿要往前伸 5~6 厘米，同时，双手应该紧靠身体上部并放松。这样的姿势可以使血流通畅，呼吸自如，下肢神经不受压，从而保持一个均衡稳定不易疲劳的体位。

正确的走路姿势必须从儿童时代就开始培养。举止端庄，步履稳健的人，不但显得姿势优美，而且有利于身体各器官的正常发育。

（2）性别的概念与自我保护。

1-2年级的小学生要知道性别的概念和隐私部位。人类的性别是指男女两性的区别。认识性别，首先要了解性征的概念，性征是指男女两性的性别特征。

隐私部位是指个体不能随便被别人触碰到、随便被别人看到的身体部位，一般包括男性的阴茎、阴囊、屁股，女性的胸部、阴部、屁股等。

2. 小学中年级的教育内容

小学3-4年级生长发育与性健康的具体内容及要点包括：了解身体主要的器官及其功能，认识男女生的性别特征，学会保护自己的身体。

（1）身体主要器官及其功能。

人体主要器官包括：心脏、肝脏、脾脏、肺、肾、胰脏、胃、大肠、小肠等。

心脏是人体中最重要的器官之一，主要功能是提供压力，把血液运行至身体各个部分。心脏位于胸腔中部偏左，横膈之上，两肺之间。体积相当于一个拳头大小，重量约350克。女性的心脏通常要比男性的体积小且重量轻。

肝脏是人体内脏中最大的器官，位于腹部右侧横隔膜之下，胆囊前端，右边肾脏的前方，胃的上方。肝脏是身体内以代谢功能为主的一个器官，起着去氧化、储存肝糖、合成蛋白质等作用。肝脏也制造消化系统中的胆汁。

脾脏是机体最大的免疫器官，位于左季肋区后外方肋弓深处，与9-11肋相对，长轴与第10肋一致，占全身淋巴组织总量的25%，含有大量的淋巴细胞和巨噬细胞，是机体细胞免疫和体液免疫的中心。

肺是人体的呼吸器官，位于胸腔，左右各一，覆盖于心脏之上。肺有分叶，左肺二叶，右肺三叶，共五叶。肺经气管、支气管与喉、鼻相连。

肾脏的基本功能是生成尿液，借以清除体内代谢产物及某些废物、毒物，同时经重吸收功能保留水分及其他有用物质，如葡萄糖、蛋白质、氨基酸、钠离子、钾离子、碳酸氢钠等，以调节水、电解质平衡及维护酸碱平衡。肾脏同时还有内分泌功能，生成肾素、促红细胞生成素、活性维生素D3、前列腺素、激肽等。肾脏也是机体部分内分泌激素的降解场所和肾外激素的靶器官。肾脏的这些功能，保证了机体内环境的稳定，使新陈代谢得以正常进行。

胰是一个细长的葡萄串状的腺体，横于胃后，居脾脏和十二指肠之间；其右端（胰头）较大、朝下，左端（胰尾）是横着的，尾部靠着脾，是人体一个重要的脏器。

肠胃一般指消化系统的胃和小肠、大肠部分，其中胃和小肠是营养物质消化吸收的主要场所。肠胃是消化系统最重要的器官。

（2）男女生的性别特征。

性征包括第一性征和第二性征。第一性征指男女生殖器在外形和构造上的差异性特征。男子的第一性征包括睾丸、阴茎等，女子的包括阴道、子宫等。男女性征的差异是由遗传物质的不同所决定的，是与生俱来的性别特征。第一性征确立了人们要经历的性别社会化过程，是建立社会性别的基础。

第二性征指男女在青春期出现的一系列生理特征，这主要是由男女性激素的差别决定的。具体表现为：男性开始变得高大、肌肉结实、喉结突出、变声、长胡须、汗毛加重等；女性皮肤细嫩、嗓音尖细、乳房隆起、肌肉柔韧、脂肪增加、月经来潮等。随着生理的变化，人们的社会性别意识开始觉醒，社会诸因素对个人的影响也更加明显。

3. 小学高年级的教育内容

小学5-6年级生长发育与性健康的教育内容及要点包括：了解青春期发育规律和特点，接纳自己的发育变化；掌握青春期保健知识和技能；具有科学知识获取和困惑求助的途径。

一般来讲，人的生长发育包括四个时期：婴儿期、幼儿期、青春期和成年期。青春期以后人体发育成熟，人的身高、体重达到稳定水平，具备了繁殖后代的能力，神经系统发育完善，心理成熟，能够积极地参与社会活动。

人体在生长发育过程中会发生多方面的变化，这些变化有一定的规律，特别是青春期的生长发育，变化十分明显。

📝 **知识卡片：乳房保健**

乳房的自我保健包括：忌束胸，束胸会影响肋骨、胸骨和膈肌的运动和正常的呼吸以及胸部发育，使胸廓狭小，肺活量降低，还会影响乳房的发育和日后乳汁的排泄，甚至引起乳房浅表血栓性静脉炎；女孩乳房发育成熟后，应佩戴合适的胸罩；注意乳房卫生，经期前，有些人会有乳房胀痛、痒痛的感觉，此时不能挤压乳房，以免发生感染。

做好青春期的卫生保健很重要，健康向上的身心对今后的生活和工作起决定性的作用。要告诫学生平时要和父母多交流、多沟通，有问题及时向老师和家长咨询。

4. 初中阶段的教育内容

《北京市中小学健康教育指导纲要（试行）》指出初中阶段生长发育与性健康的教育内容及要点包括：进一步了解青春期生理和心理变化的特点，认识到性发育伴随的责任和义务，学习合理释放性冲动的方法，掌握青春期常见生理和心理问题的预防和处理方法，做好青春期生理和心理保健。

📝 **知识卡片：青春期生理和心理变化**

进入青春期，女生受下丘脑－垂体－性腺轴的调节，卵巢滤泡逐渐发育，开始分泌激素，在激素调节下出现生殖器官发育、月经来潮和第二性征发育。男生的睾丸开始变厚、增重、加长，阴茎和阴囊增大。睾丸增大是男性青春发育开始的信号，同时身高增长迅速，体重也开始增加。

随着生理发育逐渐成熟，心理状态由儿童时期的单纯转向复杂化，表现为对性发育困惑不解、对性知识产生兴趣，对异性产生爱慕；富于幻想，情绪变化快，对外界敏感；朦胧地出现两性意识，有时会产生性冲动。在此期间，如不能接受到性知识及道德法制观念的良好教育，极易发生不正当的性行为，对身心健康带来危害。

（1）认识性发育伴随的责任和义务。

性发育是伴随身体发育而产生、男生女生都会经历的身体发育过程。性发育到一定程度，会产生性冲动，性冲动是趋向异性目标的一股内在力量，是正常的现象。男子进入青春期后，体内性激素不断分泌，各种生理机能发生了突变，生殖器官及其功能迅速发育成熟。热恋时期，与性有关的感性、情绪、记忆及想象等心理活动异常活跃。

青春期，尤其是处于性发育的快速期的少男少女们，特别要关注自身的健康，形成健康的性心理，要自尊自爱，要爱护自己的身体，自己的身体是神圣不可侵犯的。

与异性交往是少男少女的青春权利。但是喜欢他（她）不一定就要谈恋爱，要知道，比喜欢（爱）更重要的是责任。少男少女在与异性交往中都要把握好交往的尺度。

（2）青春期保健

少男少女要正确认识和接受青春期身体和心理的各种变化，学习青春期卫生和保健的基本知识，学会用科学的生殖知识解释性生理和性心理现象。青春期卫生是青少年身体、心理健康发展的基本保证。青春期的身心健康能够为一生的健康、生活和工作打下良好的基础。

5. 高中阶段的教育内容

高中 10-12 年级生长发育与性健康教育的具体内容及要点包括：了解优生优育知识，认识避孕和终止非意愿妊娠的机理及利弊；掌握疏解性冲动的心理和行为方式，树立健康文明的性观念和性道德。

（1）优生优育。

优生是让每个家庭都有健康的孩子，优育是让每个出生的孩子都可以受到良好的教育。优生优育的措施包括禁止近亲结婚、提倡遗传咨询和产前诊断等。

高中学生需要了解优生优育的社会价值。做好优生优育是提高人口素质的重要手段，对整个民族的发展有重要的作用。所以应该坚持做好优生优育，为子孙后代的良性发展创造有利条件。

（2）避孕和终止非意愿妊娠的机理与利弊。

避孕的原理是精子、卵子不见面。精子寿命3天，卵子寿命1~2天。精子与卵子见面就有发生妊娠的可能。终止非意愿妊娠的时间不宜超过70天，原则上越早越好，因为超过70天无法直接进行人工流产术，需要住院引产治疗，症状相对比较重，患者经历的疼痛以及出血的时间比较长，对患者的损伤更大。一旦发现非意愿妊娠，通过超声检查确定宫内怀孕以后，越早终止妊娠对女性的损伤相对越小，在49天之内可以考虑药物流产术。

药物流产又称药流，是指用口服药物终止早期妊娠。药物流产的作用原理是用药物使受精卵无法发育，然后坏死、脱落，最终达到终止妊娠的效果。

人工流产是指用手术的方法终止妊娠。人流手术方式包括负压吸引术和钳刮术等。负压吸引术就是用一根中空的吸管进到宫腔，通过负压将子宫内的胚胎组织吸出来，而钳刮术则是用卵圆钳将子宫内大块的胚胎组织夹出来。终止妊娠之后，如果短期内没有生育要求，建议做好严格避孕。

（3）掌握疏解性冲动的心理和行为方式。

高中阶段处于人生从青少年迈入成年的关键时期，由于身体发育和激素影响，性冲动较初中更为明显，但是绝大多数高中生对于性冲动没有正确的心理预期和处理方式，往往造成不好的后果。据报道显示，有62%的高中学生承认有过性行为，这样的结果导致越来越多的女生怀孕。某市一家妇幼保健医院在2006年九、十月份就曾接收上百例做人流的女学生，因为假期结束后的两个月是青少年做人流手术的高峰期。

性冲动是身体正常发育的必然结果，如何缓解呢？青少年可以通过发展自己多方面兴趣的方式疏解，听听音乐，看看书，在书和音乐中寻找高质量的精神食粮，缓解性冲动对自身的影响；还可以加强体育锻炼，研究表明身体机能的锻炼在很大程度上可以缓解精神方面的困扰；在自己找不到合适的方式进行疏解时，可以大胆向老师和家长诉说，找到合适的缓解方式。

第三节　营养与健康

儿童青少年时期是人一生体格发育和智力发育最活跃的时期，在这个时期，膳食是否科学，营养是否合理，对他们的一生乃至对社会的全民素质都有重要影响，这不但关系到一代人的健康水平，而且关系到民族的繁衍昌盛，因此应当给予特别的关注。

《北京市中小学健康指导纲要（试行）》中，营养与健康包括生活中常见的食物种类及营养价值、科学膳食与营养均衡、食品卫生与食品安全三个方面。通过这些内容的学习帮助中小学生掌握营养与健康方面的知识与技能、树立营养与健康的观念与意识、养成健康的生活方式与行为，并能做出有利于个人健康的决策。

一、生活中常见的食物种类及营养

国民营养与健康状况是反映一个国家或地区经济与社会发展、卫生保健水平和人口素质的重要指标。因此，努力提高全民族的营养水平和健康素质既是全面建设小康社会的重要组成部分，也是综合国力竞争的核心指标。

生活中，常见的食物主要分为五大类，第一类为主食类，如米、面、玉米、红薯等，主要含有糖类（碳水化合物）、蛋白质和B族维生素，是人体最经济的能量来源。第二类为蔬菜水果类，富含维生素、矿物质及膳食纤维，对人体健康起重要作用。第三类为动物性食物，如肉、蛋、鱼、禽、奶等，主要为人体提供蛋白质、脂肪和矿物质。第四类为大豆及其制品，如豆腐、豆腐干等，含有丰富的蛋白质、无机盐和维生素。第五类为其他食物，如酒、坚果及加工类食物。

从营养学角度，食物的营养成分一般来说分为七大类，包括蛋白质、脂类、碳水化合物、维生素、矿物质、水和膳食纤维。

- 蛋白质。蛋白质是构成人体组织、调节各种生理功能不可缺少的物质。蛋白质含量比较高的食物包括牛奶、羊奶、牛肉、羊肉、猪肉、鸡肉等，还包括蛋、鱼、虾、蟹和大豆类（黄豆、大青豆和黑豆），此外芝麻、瓜子、核桃等干果类的蛋白质含量也较高。

- 脂类。脂类是人体的重要组成部分，包括中性脂肪和类脂，前者主要是脂肪和油，后者是磷脂、糖脂、类固醇以及脂蛋白等，是人体器官和组织的重要成分，可以供给不饱和脂肪酸，同时也可以促进脂溶性维生素的吸收和利用，对蛋白质有庇护作用。在生活中富含脂类的食物包括蛋黄、动物内脏、鱼子、蟹子、肉类、贝类、深海鱼类等。

- 碳水化合物。碳水化合物是生物世界三大基础物质之一，也是自然界最丰富的有机物。碳水化合物的主要功能是为人体提供能量，是三大营养素中最廉价的营养素，是人体获得能量的主要来源。常见的碳水化合物食物有稻米、麦粉、小米、高粱、玉米等。

- 维生素。维生素是维持人体正常生命活动所必需的营养素。根据它们的特点将其分为脂溶性维生素和水溶性维生素，其中脂溶性维生素包括维生素 A、维生素 D、维生素 E 和维生素 K，水溶性维生素包括维生素 B 族（维生素 B1、维生素 B2、维生素 B3、维生素 B6、维生素 B12 等）和维生素 C。维生素的主要来源是蔬菜和水果。

- 矿物质。人体内除去碳、氢、氧、氮以外的元素称为矿物质，包括无机盐和微量元素。它们本身并不供能，主要在构成人体的物质和调节体内生理、生化功能方面发挥着重要作用。矿物质包括常量元素和微量元素，前者包括钙、磷、镁、钾、钠、氯、硫 7 种，占人体总重量 0.01% 以上。占体重 0.01% 以下者称为微量元素。人体必需的微量元素有 10 种（铁、锌、铜、碘、硒、钼、钴、锰、铬、镁）。其中铁、碘、锌缺乏症是最主要的微量营养素缺乏病。矿物质多存在于各种蔬菜、水果、肉类、贝类中。

● 水。2016年颁布的《中国居民膳食指南》中明确指出要"足量饮水"。在温和气候条件下生活的轻体力活动的成年人每日最少饮水1500~1700ml。水的需要量与机体的新陈代谢和能量需要有关。

● 膳食纤维。膳食纤维虽不参加供能，但在人体内发挥着重要的生理作用。人类的一些疾病，如冠心病、糖尿病和肠癌等与膳食中的纤维类物质缺乏有关。膳食纤维能调节糖代谢、脂类代谢及消化道功能，对预防肥胖症、大肠癌、糖尿病及高血脂症起重要作用。膳食纤维存在于谷物、薯类、豆类，以及蔬菜、水果、菌类等植物性食物中。

知识卡片：木桶效应

据研究目前公认的人体所必需的营养素有42种，它们提供能量，维持人体的生理活动和心理活动。有个形象的比喻，把三大产能营养素——蛋白质、脂肪和碳水化合物比作木桶底部木板的构成，而周围桶沿的木板，由各种维生素、矿物质、膳食纤维和水等构成。假设每种营养素对应一块木板，木板会有宽有窄，但是它们的长度最好相近，因为整个木桶的装水量取决于最短的那块木板，别的木块再长也没有用，如果缺少一块木板，木桶就一点水也盛不了。这意味着只有营养合理才能维持身体健康，也就是说供给机体种类齐全、数量充足、比例合适的能量和各种营养素，并与机体的需要保持平衡，达到合理营养、促进健康、预防疾病的膳食。人体要健康就必须在日常饮食中科学地摄入人体所必需的营养素。

《北京市中小学健康教育指导纲要（试行）》要求中小学生知道营养对健康的影响，不挑食，不偏食，初步掌握正确的营养知识；了解食品卫生的知识；学会合理搭配膳食，控制体重；树立食品安全意识。

儿童青少年时期是体格和智力发育的关键时期，也是一个人行为和生活方式形成的重要时期。儿童青少年在青春期生长速度加快，对各种营养素的需要增加,应给予充分关注。充足的营养摄入可以保证其体格和智力的正常发育,为成人时期乃至一生的健康奠定良好基础。青春期女性的营养状况会影响下一代的健康,应特别予以关注。

二、科学膳食与营养均衡

为了让中国居民更好地搭配日常饮食,中国营养学会发布了《中国居民膳食指南》,这是根据营养学原则、结合国情制定的、教育人民群众平衡膳食以摄取合理营养促进健康的指导性意见。

近十年来,我国居民营养与健康状况发生了很大变化,这些变化包括动物油脂和饱和脂肪酸的摄入量下降,盐的摄入量下降,蔬菜、水果摄入水平趋于稳定,蛋类、水产类摄入量有所上升。儿童青少年生长发育水平稳步提高,学龄前儿童营养不良率进一步降低,贫血患病率显著下降,低出生体重率显著下降,全民增加身体活动的比例显著提高,并且对膳食和营养的认识也显著提高。但随着城市化速度加快,与膳食营养相关的慢性疾病对我国居民健康的威胁更加突出,同时,我国居民的膳食结构仍然不尽合理,营养不良和营养缺乏在贫困地区依旧存在,孕妇、学龄前儿童贫血率依旧较高,不健康生活方式较为普遍。

中国营养学会在政府指导下,组织专家科学循证,进行了膳食指南的修订。2016年发布的《中国居民膳食指南》中与居民日常饮食直接相关的是"平衡膳食宝塔",如图4-1所示。

新的膳食宝塔图增加了水和身体活动的形象,强调足量饮水和增加身体活动的重要性。水是膳食的重要组成部分,是一切生命必需的物质,其需要量主要受年龄、环境温度、身体活动等因素的影响。在温和气候条件下生活的轻体力活动的成年人每日至少饮水1200ml(约6杯)。在高温或重体力劳动的条件下,应适当增加。饮水不足或过多都会对人体健康带来危害。目前我国大多数成年人身体活动不足或缺乏体育锻炼,应改变久坐少动的不良生活方式,养成天天运动的习惯,坚持每天多做一些消耗体力的活动。青少年

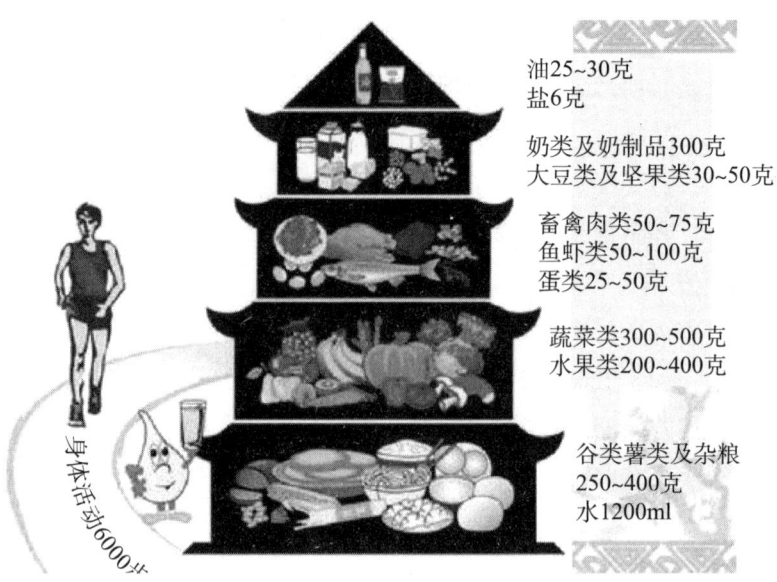

图 4-1　平衡膳食宝塔

也需要加强体育锻炼。

　　平衡膳食宝塔是指导青少年合理饮食的依据。膳食应当以谷类为主，多吃蔬菜、水果和薯类，注意荤素、粗细搭配。合理膳食指能提供全面、均衡营养的膳食。食物多样，才能满足人体各种营养需求，达到合理营养、促进健康的目的。

　　没有不好的食物，只有不合理的膳食，关键在于平衡。人类需要多种多样的食物，各种各样的食物各有其营养优势，食物没有好坏之分，但如何选择食物的种类和数量来搭配膳食却存在着合理与否的问题。在这里，量的概念十分重要。比如说肥肉，其主要营养成分是脂肪，还含有胆固醇，对于能量不足或者能量需要较大的人来说是一种很好的提供能量的食物，但对于能量已过剩的人来说是不应选择的食物。正是因为人体必需的营养素有 40 多种，而各种营养素的需要量又各不相同（多的每天需要数百克，少的每日仅需几微克），并且每种天然食物中营养成分的种类和数量也各有不同，所以必须由多种食物合理搭配才能组成平衡膳食。

📝 **知识卡片：良好的饮食习惯**

青少年正处于身体发育的关键时期，这个时期的饮食搭配要合理，要从小养成良好的饮食习惯。膳食应当以谷类为主，多吃蔬菜、水果和薯类，注意荤素、粗细搭配。谷类食物是我国居民传统膳食的主体，是人类最好的基础食物，也是最经济的能量来源。以谷类为主的膳食既可提供充足的能量，又可避免摄入过多的脂肪，对预防心脑血管疾病、糖尿病和癌症有益。蔬菜水果是维生素、矿物质、膳食纤维和植物化学物质的重要来源。薯类含有丰富的淀粉、膳食纤维以及多种维生素和矿物质。蔬菜、水果和薯类能够保持肠道正常功能，调节免疫力，降低肥胖、糖尿病、高血压等慢性疾病患病风险。蔬菜和水果不能相互替换，建议餐餐有蔬菜，天天有水果。

（1）一日三餐，特别要关注早餐的饮食习惯。

早餐是一天中能量和营养素的重要来源，对人体的营养和健康状况有着重要的影响。每天食用营养充足的早餐可以为儿童青少年提供体格和智力发育所需的能量和各种营养素。不吃早餐或早餐营养不充足，不仅会影响学习成绩和体能，还会影响消化系统的功能，不利于健康。因此，应该天天吃早餐，并保证早餐的营养充足。

（2）提倡每天食用奶类、豆类及其制品。

奶类营养丰富，营养组成比例适宜，容易消化吸收，是膳食钙质的极好来源。饮奶有利于骨质健康，减少骨质丢失。儿童、青少年饮奶有利于生长发育和骨骼健康，同时预防成年后发生骨质疏松。建议每人每天饮奶300克或相当量的奶制品。高血脂和超重肥胖者应选择低脂、脱脂奶及其制品。大豆含丰富的优质蛋白质、脂肪酸、B族维生素、维生素E和膳食纤维等营养素，且含有磷脂、低聚糖以及异黄酮、植物固醇等多种人体需要的植物化学物质。适当多吃大豆及其制品可以增加优质蛋白质的摄入量，也可防止过多消费肉类带来的不利影响。建议每人每天摄入30~50克大豆或相当量的豆制品。

（3）不挑食，不偏食。

挑食、偏食不仅会使孩子营养失衡，留下健康隐患，还会影响他们的智力发育。让孩子不挑食不要用"逼"的方法，要抓住他们的心理进行诱导。首先，要了解孩子挑食的原因。有时孩子觉得吃饭很闷，这可能是因为父母没有把进餐时间当作与孩子交流的时间。如果把用餐当成是一家人交流的机会，那孩子可能会很乐意与父母一起正常用餐。其次，适当的时候，可以用孩子喜欢的食物当奖励。有的孩子只偏爱某些食物，因此当他们不肯吃其他食物时，父母可以采取商量的态度，在他们尝试了新食物后，再用少量孩子喜欢的食物作为奖励。最重要的是，不可强迫给孩子喂食。当父母动用"武力"喂食时，孩子就会觉得吃饭是件很可怕的事，势必会产生强烈的抗拒感。偏食和挑食是一种因人而异的不良习惯。有的人偏荤，有的人偏素，有的偏食某种食物等，这种饮食习惯应当纠正，因为它极容易导致营养失调，抗病能力低下，身体发育不良，从而影响健康。

（4）不暴饮暴食。

儿童、青少年处于长身体的阶段，但并非吃得越多越好。孩子暴饮暴食的危害包括：会使消化系统长期处于一种紧张状态，导致消化功能发生紊乱，使身体产生不适或者疾病；易引起肥胖，影响到孩子的智力发育，导致记忆力下降，也会给孩子的心理造成一定的负担，甚至对孩子的生命健康造成威胁。

（5）不盲目节食。

有些青少年为了追求体型完美，有意进行节食，继而出现过度地节制饮食。这种情况多见于青春期女孩。青春期女孩伴随第二性征发育而来的是逐渐成熟的体型，对此，她们容易产生恐惧不安和羞怯的心理，有使自己的体型保持"苗条"的愿望，因此，她们通过节食来减体重。有少数女生盲目节食，甚至用催吐、吃泻药等极端作法减重，久而久之形成条件反射，逢吃饭就恶心或一听到与吃饭有关的词就呕吐，最终导致神经性厌食症，营养不良，骨瘦如柴。神经性厌食症还可以引起身体内分泌的改变，使少女乳房发育停滞，月经迟迟不来，已来月经者会出现停经、闭经、阴毛稀少等现象。

长期营养不良会造成机体电解质平衡紊乱，有的会诱发癫痫发作，甚至会出现精神症状，如焦虑不安、失眠、注意力不集中、易怒、抑郁等，严重者会导致死亡。因此，青少年不应盲目进行节食减重，在不能确定自己的体重是否正常、需不需要控制时，可以向营养专家、医生、校医或家长咨询。

（6）保持正常体重。

中小学生肥胖症是常见的营养问题之一，其发生率有逐年增加的趋势，主要是饮食过量、运动不足，也有的是遗传因素引起的。中小学生控制体重的方法应以体育锻炼消耗能量为主，而不要刻意控制能量摄入。

词汇释义

> **身体标准体重**：指身高与体重两者的比例应在正常范围，它通过身高体重一定的比例关系，反映人体的围度、宽度和厚度以及人体的密度，是评价人体形态发育水平和营养状况及身体均衡度的重要指标，也可间接反映人体的身体成分。
>
> **BMI（Body Mass Index）指数**：身体质量指数，简称体质指数或体重指数，是用体重公斤数除以身高米数的平方得出的数字，是目前国际上常用的衡量人体胖瘦程度以及是否健康的标准。分析体重对于不同高度的人所带来的健康影响时，BMI 值是一个中立而可靠的指标。

我国健康成年人体重的 BMI 范围为 $18.5kg/m^2 \sim 23.9kg/m^2$，BMI 在 $24kg/m^2 \sim 27.9kg/m^2$ 者为超重，大于等于 $28kg/m^2$ 者为肥胖。体重在健康范围内者患各种疾病的危险性小于消瘦者（$BMI<18.5kg/m^2$）或超重和肥胖者。儿童、青少年健康体重的判断标准与成年人不同，需要考虑他们在生长发育期间身高和体重变化的特点。

三、食品卫生与食品安全

食品卫生与食品安全是儿童、青少年需要重点学习的健康教育内容。小学1-2年级学生需要初步认识食品安全是指食品无毒的含义,并能清楚辨认霉变或腐坏的常见食物。对于小学3-4年级的学生来说,主要了解食品生熟分开、餐具消毒相关知识。生熟分开包括生、熟食品制售者应分工;盛装生、熟食品的工具、用具、窗口应分开或有明显标记;生、熟食品不能存放在同一库房或冰箱内。对于5-6年级的学生来说,在购买包装食品时要注意查看生产日期、保质期、包装有无涨包或破损,不购买无证摊贩食品;知道容易引起食物中毒的常见食品(发芽土豆、不熟的扁豆和豆浆、毒蘑菇、新鲜黄花菜、河豚等);不采摘、不食用野果和野菜。对于初中和高中学生来说,知道食物中毒的常见原因(细菌性、化学性、有毒动植物等),发现病死禽畜能及时报告,不吃病死禽畜肉。

(1)预防食物中毒。

食物中毒是指人吃了被细菌或毒素污染的食物,或本身就具有毒性的动植物,所引起的急性疾病,常有恶心、呕吐、腹痛、腹泻等消化道疾病的症状。食物中毒患者往往都是上吐下泻,疑似急性肠胃疾病的症候,同时伴有中上腹部疼痛。

知识卡片:如何预防食物中毒

购买食品时,要注意查看是否腐败变质,要查看其生产日期、保质期,是否有厂名、厂址等标识。不能买过期食品和没有厂名厂址的产品。食品在食用前要彻底清洁,尤其是生吃蔬菜瓜果要清洗干净,尽量不吃剩饭菜,如需食用,应彻底加热。剩饭菜、剩的点心等都是细菌的良好培养基,不彻底加热会引起细菌性食物中毒。不吃霉变的粮食、甘蔗、花生米等,其中的霉菌毒素会引起中毒。警惕误食有毒有害物质,装有消毒剂、杀虫剂或鼠药的容器用后一定要妥善处理,防止用来喝水或误用而引起中毒。不到没有卫生许可证的小摊贩处购买食物。饮用符合卫生要求的饮用水,不喝生水或不洁净的水。

（2）安全储存食物。

熟食在室温下不得存放2小时以上。所有熟食（剩饭剩菜等）和易腐烂的食物（生的畜禽肉水产等）应及时冷藏（最好在5℃以下）。食物即使在冰箱中也不能过久储存，最好不要超过一个星期。冷冻食物不要在室温下化冻。冷冻食物解冻的最好方法是微波炉解冻、冰箱冷藏室解冻和清洁流动水解冻。

（3）正确选购食品。

学会甄别哪些是垃圾食品，哪些是营养食品；理解食品标签的含义及各项数据的意思。了解最佳食用期，食品保存期；了解绿色食品、有机食品、无公害食品的定义和种类。食品选购与食品卫生、食物安全密切相关，可以放在一起学习。

第四节　疾病预防

疾病是指机体受到内外界致病因素的影响，自稳调节紊乱而发生的异常生命活动过程。疾病引发一系列形态、结构、功能的异常，表现为症状、体征和行为的一系列临床病理变化。疾病包含许多种类，在世界卫生组织颁布的《疾病分类与手术名称》中，记录在案的疾病已逾万个，并且新疾病还在不断涌现。例如，2019年末出现且目前仍在世界上多个国家肆虐的、由新型冠状病毒引起的新型冠状病毒性肺炎。

疾病可分为传染性疾病和非传染性疾病两大类。传染性疾病是由于病原体如病毒、立克次氏体、细菌、原虫等（不包括真菌）具有繁殖能力，可以在人群中从一个宿主通过一定途径传播到另一个宿主，使之产生同样的疾病，故称传染性疾病，简称传染病。传染病的爆发和流行可影响国家经济、人民生活等诸多方面，造成极大损失。因此，传染病的预防至关重要。

非传染性疾病又称为慢性病，其持续时间通常较长，是遗传、生理、行为和环境因素共同作用的结果。非传染性疾病主要包括心血管疾病（如心脏病、中风）、癌症、慢性呼吸系统疾病（如哮喘）以及糖尿病四类。这四类疾病已导致的死亡人数占所有非传染性疾病死亡人数的80%，而非传染性疾病导致的年死亡人数占年总死亡人数的71%。由此可见，非传染性疾病的预防同样重要。

不论是传染性疾病还是非传染性疾病，都可能出现在中小学生群体中。其中，中小学生的传染性疾病主要为肠道疾病和呼吸道疾病，而非传染性疾病主要为肥胖与视力不良。

在诸多导致中小学生患传染性与非传染性疾病的因素中，学校对学生疾病预防教育的不足尤为突出。根据北京市16个行政区的中小学生健康素养的调查数据，中小学生在疾病预防的卫生健康意识和卫生健康行为习惯方面存在明显不足。例如，约3/4的小学生选择"咳嗽、打喷嚏时及时遮掩口鼻"，而中学生的选择比率仅比小学生高8个百分点；对于"饭后漱口"这一个人卫生行为，仅有约半数的小学生和中学生能够做到。健康行为意识与习惯的欠缺极有可能导致在中小学生群体中发生传染病和慢性病。另一方面，调查数据还提示中小学生对常见的传染病传播途径的认识有限，甚至存在错误认知。例如，当提及是否会"共用餐具和洗漱用具，接触携带病原体的动物或被昆虫叮咬，接触被污染的水和食物"时，只有不到80%的中小学生选择"不"；而对于有关艾滋病的传播知识，有超过两成的小学生认为可以通过咳嗽、打喷嚏等途径进行传播，甚至有部分学生表示不知道艾滋病的传播途径，中学生群体做出类似选择的比例仅略低于小学生。部分中小学生对传染病传播途径的一知半解，为感染疾病以及疾病流行埋下隐患。

综上所述，对疾病预防知识和行为的理解偏差与不足会直接影响中小学生的身体健康。所以，疾病预防是中小学健康教育的重要一环，其实施成效也与学生健康素养水平的提升正相关，而健康教育的落实也将反过来帮助学生改善日常的卫生行为习惯。

一、中小学生常见传染病及预防

1. 中小学生群体中常见传染病

常见的中小学生传染病主要有呼吸道传染病和肠道传染病两大类。其中，出现频率最高的四种传染病分别是水痘、手足口病、流行性感冒、流行性腮腺炎。另外，猩红热、人禽流感、蛔虫病、疟疾、艾滋病等传染病也在中小学生群体中时有发生。因此，了解这些常见传染病是对学生进行相关疾病预防教育的前提。

（1）水痘。

水痘是由于感染水痘带状疱疹病毒而引起的一种呼吸道传染病。水痘患者是唯一的传染源，其携带的病原体——水痘带状疱疹病毒——存在于病变皮肤的黏膜组织、疱疹液以及血液中。水痘患者从发病前的一至两天至水痘疱疹完全结痂的过程中均可传染他人，且传染性极强。

水痘的主要传播途径为飞沫传播，携带水痘带状疱疹病毒的飞沫经呼吸道感染他人。另外，水痘也可通过直接接触水痘患者（疱疹液）及被其污染过的用具而传播。幼儿和学龄儿童是易感人群，接触传染源后约有90%的几率发病，但病后可获得终身免疫。

（2）手足口病。

手足口病是由于感染多种肠道病毒而引起的传染病，主要症状包括发热，以及手、足，口腔等部位出现皮疹或疱疹。作为肠道病毒的唯一宿主，手足口病的患者和隐性感染者（已感染病毒但未发病）均为该病的传染源。其携带的病原体——肠道病毒——存在于患者的咽部、粪便，以及疱疹液中。手足口病患者发病后一周内的传染性最强。

手足口病以消化道、呼吸道为主要的传播途径，携带病毒的飞沫经呼吸道感染他人。另外，手足口病也可通过直接接触患者（口鼻分泌物、皮肤或黏膜疱疹液）及被其污染过的用具而传播。普通人群对肠道病毒普遍易感，各年龄段人群均可发病，但感染后可获得特异性免疫力。

（3）流行性感冒。

流行性感冒（流感）是由于感染甲、乙、丙三型流感病毒而引起的急性呼吸道传染病，主要临床表现为发热、体温偏高（38摄氏度以上），且伴有咳嗽和肌肉酸痛等症状。流感患者和隐性感染者（已感染病毒但未发病）是主要的传染源，其携带的病原体——流感病毒——存在于呼吸道的分泌物中。流感患者从病毒潜伏期末期到急性发病期期间，都具有传染性。一般情况下，患者体温恢复正常之后，就不再携带病毒。

流感的主要传播途径为飞沫传播，携带流感病毒的飞沫经呼吸道感染他人。另外，流感也可通过口腔、鼻腔、眼睛等处的黏膜直接或间接接触传播。人群普遍易于感染流感病毒，且流感病毒常常发生变异。

（4）流行性腮腺炎。

流行性腮腺炎是由于感染腮腺炎病毒而引起的一种急性呼吸道传染病，主要临床表现为腮腺肿大。流行性腮腺炎的早期患者和隐性感染者（已感染病毒但未发病）均为主要传染源，其携带的病原体——腮腺炎病毒——存在于患者的鼻咽部和唾液中。流行性腮腺炎患者从发病前的七天，至腮腺肿大后九天均可传染他人。

流行性腮腺炎的主要传播途径为飞沫传播，携带腮腺炎病毒的飞沫经呼吸道感染他人。另外，流行性腮腺炎也可通过直接接触被患者污染过的食物、餐具、衣物等传播。人群普遍易感，但易感染性随年龄的增长而下降，大多数患者为15岁以下的中小学生与儿童。

（5）艾滋病。

艾滋病又称为获得性免疫缺陷综合征（AIDS），是严重威胁健康的世界公共卫生问题。全球目前共有艾滋病患者3000余万例，且每年有逾百万新增感染病例。艾滋病是由于感染人类免疫缺陷病毒（艾滋病病毒）而引起的一种传染病。艾滋病病毒感染者和艾滋病患者是该疾病的传染源，其携带的病原体——艾滋病病毒——存在于其血液、精液、阴道分泌物、羊水、乳汁等体液中。艾滋病病毒可在人体外的环境中存活，室温液体环境下可存活15天，但该病毒对外界的抵抗力较弱。被艾滋病病毒污染的物品，至少在三天内具有传染性，但通过煮沸等方式可以迅速杀死艾滋病病毒。

人罹患艾滋病后直至死亡，都可以通过体液交换的方式，将艾滋病病毒传染给他人，且人群普遍易感艾滋病病毒。艾滋病有三种传播途径：

● 性传播：性行为传播是全球艾滋病传播的最主要的途径。在没有采取保护措施的前提下，正常人与已感染艾滋病病毒的同性或异性发生性行为，并伴有体液的交换，均有可能造成艾滋病病毒的传播。

● 血液传播：经血液途径传播艾滋病的方式有多种，主要包括输入含有艾滋病病毒的血液、血液成分和血液制品，移植或接受了被艾滋病病毒感染的器官、组织、骨髓，使用被艾滋病病毒污染的针头进行注射等。例如，静脉注射吸毒者相互间使用未经消毒的注射器和针头可传播艾滋病病毒，医疗器械、针刺治疗、理发、纹身、美容、修脚用的针具和刀具如若消毒不严格或不消毒可导致艾滋病病毒感染。与他人共用剃须刀或牙刷，也可经破损的皮肤粘膜感染艾滋病病毒等。但是目前尚无证据表明，蚊虫叮咬可传播艾滋病病毒。

● 母婴传播：感染艾滋病病毒的产妇可通过胎盘、分娩及哺乳等方式将艾滋病病毒传播给新生儿。

（6）猩红热。

猩红热是由于感染链球菌而引起的一种急性呼吸道传染病，多发于每年5~6月和11~12月。该病起病急，伴有发热、全身弥漫性充血点状皮疹等症状，且退疹后有明显的脱屑现象。猩红热患者和健康带菌者是该病的传染源，患者从发病前24小时至疾病高峰期时传染性最强。

猩红热的主要传播途径为飞沫传播，携带致病链球菌的飞沫经呼吸道感染他人。另外，猩红热也可通过接触被污染的器具等而间接传播。人群普遍易感猩红热，但发病年龄以5到15岁为主，并且痊愈后可再次被感染。

（7）人禽流感。

人禽流感是由于感染禽流感病毒中的某些亚型病毒而引起的一种急性呼吸道传染病，是一种人畜共患病。临床症状有结膜炎，轻微的上呼吸道症状，以及急性呼吸窘迫综合征和多器官功能衰竭等，严重者可导致死亡。病、死禽或携带禽流感病毒的禽类是该传染病的传染源，其携带的病原体——禽流感病毒——存在于禽类的呼吸道和肠道内，可从呼吸道、结膜和粪便中排出，其中从粪便排出的病毒量最大。

该传染病人传染人的可能性较小，主要的传播途径有两种：第一种为飞沫传播，学生吸入含有禽流感病毒的飞沫；第二种是接触传播，学生直接接触被禽流感病毒感染的禽类或其分泌物和排泄物，间接接触受禽流感病毒污染的物品和环境。目前认为人对禽流感病毒尚不易感，但普遍缺乏对禽流感病毒的抵抗力。

（8）蛔虫病。

蛔虫病是由于蛔线虫寄生于人体小肠、胆道和其他器官所引起的一种传染病，通常没有明显的临床症状，部分患者有腹痛和肠道功能紊乱的表现。蛔虫感染者是唯一的传染源。

蛔虫病主要通过生食含有感染性虫卵的不洁蔬菜、瓜果、河水而传播。另外，蛔虫病也可通过污染的手经口而感染。人群普遍易感蛔虫病，尤其是学龄期儿童和有生食蔬菜习惯的人群。

（9）疟疾。

疟疾是由于被雌性按蚊叮咬，使疟原虫寄生于人体而传播的一种寄生虫病。其临床特点为反复发作的间歇性寒战、高热，大汗过后会缓解。疟疾患者及疟原虫携带者是本病的传染源，其携带的病原体——成熟的疟原虫雌雄配子体——存在于血液中。

疟疾的自然传播媒介为雌性按蚊，通过叮咬人体传播该疾病。在我国，能够传播疟疾的按蚊有9种。另外，输入带疟原虫的血液和使用被疟原虫血液污染的注射器也可传播疟疾。人群普遍对疟疾易感，感染后由于体内含有疟原虫，可获得短暂的免疫力。随着体内疟原虫逐渐被清除，对疟疾的免疫力也会消失。

2. 中小学生常见传染病的预防

传染病的预防应从其流行过程的三个环节，即传染源、传播途径和易感人群来着手准备。对于中小学生群体，学校更加需要控制传染源、切断传播途径和保护易感人群（学生），将传染病的传播控制在最小范围内。

（1）针对不同传染病采取不同的预防措施。

- 肠道传染病：对于肠道传染病的预防，应让学生务必注意个人卫生。例如，饭前、便后洗手，避免活动后直接用手触碰眼、鼻或口，以防止通过直接接触而传播病原体。另外，学生应做到不食用未洗净的生蔬菜、瓜果，也不食用不熟的肉类食物。

- 呼吸道传染病：对于呼吸道传染病，佩戴口罩是最简便易行的预防措施。另外，保持教室及走廊的空气流通，且在必要时对校舍进行消毒也是预防呼吸道传染病的有效措施。当学生咳嗽或打喷嚏时，应及时提示学生用纸巾盖住口鼻，并将用后的纸巾扔进有盖垃圾桶，并去卫生间洗手。

- 虫媒传染病：对于虫媒传染病的预防，可采用药物或其他措施进行防虫、杀虫、驱虫。如防止患疟疾最有效的方法是切段传播途径，即让学生做好防护，防止被蚊虫叮咬。另外，注意个人卫生也是预防虫媒传染病的有效策略。

此外，学校应当教育学生，对于任何种类的传染性疾病，一旦确认自身已经患病，就不应再到校学习，防止传染同学及老师，以做到对易感人群的保护。同时，咨询医生是否应该服用相应的药物，如需要则遵照医嘱按时服药。

（2）消毒。

消毒是切断传播途径的一项重要措施。消毒是用物理或化学方法消灭停留在不同的传播媒介物上的病原体，以切断传播途径，阻止和控制传染病的发生。通常情况下，可使用75%的酒精或按照说明书配制一定浓度的消毒液进行消毒。75%的酒精能使致病微生物体内的蛋白质变性，从而使其丧失活力。

（3）提高非特异性免疫力。

非特异性免疫又称先天免疫或固有免疫，是与生俱来的，具有作用范围广、反应快、相对稳定、可遗传等特点。它对各种入侵的病原微生物能快速反应，同时在特异性免疫的启动和作用过程中也发挥着重要作用，是特异性免疫的基础。增强机体的非特异性免疫对提高机体整体的免疫功能意义重大。通过均衡营养，增加体育锻炼（详见本章对应章节）等方式可提高机体的非特异性免疫力。

（4）提高特异性免疫力。

特异性免疫又称获得性免疫。该免疫只针对一种病原体，是人体经后天感染（如病愈、无症状的感染）或人工预防接种（如疫苗、免疫球蛋白）而使机体获得的抵抗某种感染的能力。特异性免疫是人体在微生物等抗原物质刺激后形成的，能与该抗原发生特异性的反应。

提高特异性免疫力是预防传染病的关键。可通过预防接种等措施主动和被动获得，通过特异性免疫所产生的免疫物质又具有增强非特异性免疫的作用。提高特异性免疫力主要有以下两种途径。

- 主动免疫：有计划地接种疫苗，菌苗和减毒的毒素可产生对抗病原体和毒素的特异性免疫。免疫力常出现于接种后的一到四周。免疫力持续的时间不等，有时需要进行加强注射，如乙肝疫苗。接种疫苗是目前降低某种传染病发病率和死亡率的最佳途径之一，而疫苗本身不会引起任何形式的感染。例如，对儿童接种水痘减毒活疫苗，能实现良好的水痘预防控制效果，安全性也更为显著。另外，接种疫苗是预防流感病毒感染的有效手段。
- 被动免疫：通过注射抗毒素、丙种球蛋白和特异性免疫球蛋白等可进行特异性被动免疫。被动免疫出现快，但持续时间短。例如，我国的新生儿可注射乙肝免疫球蛋白，以降低感染乙型肝炎的可能。

（5）艾滋病的预防。

2016年10月印发的《"健康中国2030"规划纲要》中指出，要加强艾滋病等重大传染病的防控。强调要以中小学生为重点进行健康教育，减少中小学生不安全性行为和毒品危害，强调开展性教育的重要性。在国务院颁布的《中国遏制与防治艾滋病"十三五"行动计划》中，要求青年学生以及易感染艾滋病的危险行为人群对防治艾滋病知识的知晓率达到90%以上，男性同性性行为人群相关危险行为减少10%以上，经诊断发现并知晓自身感染状况的感染者和病人比例达到90%以上。

国际上对于预防学生群体罹患艾滋病，即降低其艾滋病感染风险的方法有很多。例如：在学校内全面开展性行为与艾滋病预防教育；免费向学生发放安全套；向年轻人提供保密、快捷的艾滋病咨询服务；针对艾滋病患病风险高的中小学生，向其提供艾滋病相关信息；利用智能手机技术和社交媒体平台，提高对艾滋病的认识；利用相关媒体扭转社会习俗，为艾滋病高风险及感染人群提供实际支持等。

另外，世界卫生组织提出了10项与促进健康有关的生活技能。其中，自我决策能力、解决问题能力、批判性思维、有效沟通交流能力和处理人际关系等能力可能与艾滋病的预防密切相关。研究表明，将生活技能培训融入学校预防艾滋病专题健康教育中可以有效降低学生感染艾滋病事件的发生，因为通过技能培训能够使中小学生达成以下六个目标：使中小学生了解艾滋病的相关知识；使中小学生养成健康的生活方式；增强中小学生有效沟通的能力；增强中小学生做负责的决定的能力；增强中小学生的自我保护意识；提高中小学生适应社会的能力。此外，使中小学生群体养成洁身自好的品质，掌握正确使用安全套等生活技能，保持不擅自使用血液制品、不与他人共用牙刷等物品的习惯等，对艾滋病的预防至关重要。最后，使中小学生自觉拒绝毒品，杜绝不洁注射，不共用针头、注射器，也可预防艾滋病，这部分内容会在本章第五节中涉及。

二、中小学生常见非传染病及预防

在中小学生群体中，最为常见的非传染病为肥胖和视力不良，且两种疾病的出现呈增长和低龄化的趋势。

1. 中小学生常见非传染病

（1）肥胖。

目前，我国中小学生的肥胖率约为7%，超重率约为12%。男生与女生在肥胖比率方面存在差异，男生的超重和肥胖占比高于女生。另外，肥胖率会随着中小学生的年龄增长而逐年下降。

研究表明，在中小学生群体中，肥胖会影响多种生理指标。肥胖的中小学生的血压、血糖、血脂、总胆固醇和胰岛素等指标均高于正常体重的同龄人。肥胖的中小学生由于自身较高的血脂和血压水平，会增加冠状动脉与颈动脉斑块的出现几率。另外，由于肥胖的中小学生的胰岛素分泌异常，影响了其自身的糖代谢的功能，会在一定程度上增加之后罹患心脑血管疾病的风险。所以，中小学生肥胖会增加其成年阶段发生肥胖、脂肪肝、心脑血管疾病、糖尿病等疾病的风险，是导致成年期罹患慢性疾病的主要因素之一。

- 肥胖损害心血管。肥胖是中小学生心血管类疾病的诱发因素之一。肥胖的中小学生的左心室心肌厚度高于体重正常的中小学生，表现为左心室心肌质量增大，进而影响心脏正常行使"动力泵"的功能。另外，肥胖会导致血脂水平过高，所以对心脏功能也会造成不利影响，引起血压异常等。而且，血脂过高也极易引起血管中膜厚度增加等问题，影响脉搏传导速度。综上，肥胖的中小学生在成年期发生冠状动脉粥样硬化等心血管疾病的可能性更高。

- 肥胖损害肝脏。肥胖、超重的中小学生发生与肝脏功能有关的酶的代谢紊乱的几率较大。譬如，近年来中小学生非酒精性脂肪肝的发病率有所上升。另外，肥胖中小学生成年后也更易患脂肪肝，尤其是非酒精性脂肪肝。

- 肥胖损害肾脏。除了心脏、血管和肝脏外，肾脏也是肥胖与超重因素可能影响的器官。肥胖中小学生的体内代谢需求较体重正常的中小学生更高，因此肾脏的负担加重，肾小球压力增大，长此以往会对肾脏造成严重的伤害。中小学生肥胖可能是其成年后患慢性肾脏疾病的一个潜在因素。

（2）视力不良。

世界范围内有三分之一的人口受到视力不良的困扰，视力不良已然成为全球重大的公共卫生问题，而我国是位列世界第一的近视大国。严重的视力问题将影响我国的特种职业选拔等多方面。在视力不良群体中，中小学生视力不良发病率占比较大，在 1.2%~35% 之间。视力问题已经成为中小学生面临的主要健康问题，而防控学生视力不良也一直是我国亟待解决的健康问题之一。

（3）地方病。

地方病是由于地球构造、人类生产生活方式等因素导致的呈地方性发生的疾病，与客观环境密不可分。我国 31 个省份中存在不同程度的地方病危害。其中，分布较广的地方病包括碘缺乏病和地方性砷中毒等。

● 碘缺乏病在我国 30 个省份曾不同程度地流行过。碘缺乏病会直接危害人们的健康，如导致甲状腺肿大等。而缺碘更大的危害体现在儿童的智力发育方面，碘缺乏患者的智力低下且身材矮小。

● 地方性砷中毒主要包括燃煤污染型和饮水型两种。随着我国煤改气的进程，燃煤污染型砷中毒目前较为少见，主要是人为因素所致。饮水型砷中毒现象发现于 13 个省份，可能与工业污染有关。

2. 中小学生常见非传染病的预防

（1）肥胖的预防。

中小学生肥胖的预防应从饮食和运动两方面考量。一方面，应平衡膳食，少吃油腻，多吃蔬菜水果；另一方面，应加强体育锻炼，并保证充足的睡眠。

● 制定健康的食谱：本地当季果蔬从产地运输到市场所消耗的时间往往相对较短，其营养成分保留完整，摄入后对人体相对更加有益。相反，反季的果蔬往往是远方某地生产，通过长途运输运送至本地市场，其营养成分丧失相对较多。另外，中小学生应每日每餐定量，必须吃早餐，每日至少吃 5 份水果和蔬菜，且应食用天然的食物，少吃经深加工的食品及零食以尽量避免摄入食品添加剂。

- 记录身体参数：中小学生对自身的身高、体重、血压、心率等相对容易获得的数据应进行常态化监测并记录，并通过BMI计算公式审视自身的体重，判断自身是否肥胖。另外，中小学生应关注身体上的变化。譬如，皮肤上是否出现了红色点状斑，指甲与手指交界处的"白月亮"的大小以及数量变化，排遗与排泄是否规律，排出废物的色泽是否有明显变化，是否有失眠的情况，身体某部位是否有不明原因的疼痛等。

- 作息规律：中小学生每日的起床时间、进餐时间、运动时间和入睡时间应尽量保持一致，使身体处在平稳的运转状态下。另外，应避免熬夜、不运动或过度运动等情况的发生，课间时务必起身到教室外进行适度活动，避免因各种原因不离座。

（2）视力不良的预防。

造成中小学生视力不良的原因既有先天因素，也有后天习惯。视力不良的预防应从改变后天用眼习惯做起。首先，中小学生须杜绝不良阅读姿势。阅读时，眼与书籍应保持30厘米以上的距离，不可以卧姿进行阅读。其次，中小学生应注意阅读时的环境。阅读时，应处在明亮、静止的环境下。再次，杜绝过度用眼。中小学生进行一段时间的阅读后，应停止继续阅读，转而看向远方，使睫状肌放松。最后，中小学生应增加户外运动的时间，使眼部更大程度地放松。

（3）地方病（碘缺乏病）的预防。

由于生活环境普遍缺碘，所以中小学生必须每日摄入适量的碘。如停止摄入碘，体内储备的碘仅够人体维持约2个月。目前，食用含碘的食盐是最为安全、经济、方便和有效的补碘方法，能够有效遏制碘缺乏病的流行。但是，仍需注意碘盐的贮存和使用方法：碘盐需密封、避光、避免受热和存放过久，烹调时也不可使碘盐过热，避免碘流失。

第五节　烟草、酒精与毒品

烟草是一年生或有限多年生植物，夏秋季开花结果，主要分布于南美洲、南亚和中国等地。除入药外，烟草最为人熟知的是作为卷烟、斗烟、雪茄制品的原材料。作为一种重要的经济作物，烟草在我国一些省份对地方经济发挥着重要的推动作用，也使得中国成为世界上最大的烟草生产国。

如本章第四节中所述，浓度为75%的酒精可用来对物品进行消毒处理，在常温下可以杀死金黄色葡萄球菌、大肠杆菌、铜绿假单胞菌、白色念珠菌等多种致病微生物，是传染性疾病预防的常用制剂。而低浓度酒精可用于降低人体体温，促进局部血液循环。另一方面，酒精也是红酒、白酒、黄酒等酒类饮品的主要成分，在世界范围内被人们广泛消费。

我国《麻醉药品及精神药品品种目录》中共列出了两百余种麻醉药品和精神药品。其中，鸦片、海洛因、甲基苯丙胺（冰毒）、吗啡、大麻以及国家规定管制的其他能够使人形成瘾癖的麻醉药品和精神药品，被定义为毒品。

不论是烟草、含酒精饮品还是毒品，都有可能出现在中小学生群体中，被其危险地使用。根据近年北京市16个行政区的小学生健康素养调查数据，小学生在吸烟、饮酒和吸食毒品的行为方面仍存在隐患。例如，有少量学生表示尝试过吸烟、饮酒和吸食毒品，且男生多于女生。其中，经历饮酒行为的比率最高，合计达3.9%。考虑到调查对象的总人数近万人，有过上述经历之一的学生的人数至少有几十人，而这些学生的行为与言语必定会对其周围人群造成潜移默化的负面影响，增加同学、玩伴等尝试这些物质的可能。另有调查显示，初中男生的烟草使用率超过10%，而在一些西部省份该比率更是高达四分之一以上。学生做出对这些危险物质的尝试行为归因于多方面因素，学校健康教育与现实环境的差距是其中重要的一环。所以，通过健康教育，使中小学生对吸烟、饮酒和吸食毒品有正确的认知，明确它们的危害，杜绝与其接触至关重要。

一、烟草、酒精和毒品的危害

1. 烟草的危害

烟草制品是用整片或部分烟叶作为原材料制成的产品,其中包含尼古丁这种能够使吸烟者上瘾并作用于吸烟者神经的化学物质。另外,由于目前种植烟草的土壤受到了不同程度的污染,所以在烟草的生长过程中,土壤中的一些有害金属会进入并积累在烟叶中。吸烟的危害部分即来自于其中的这些有害物质,而在烟草燃烧的过程中还可产生其他的有害物质。烟草烟雾中含有 7000 余种化学物质,其中有 70 种致癌物。吸烟是癌症等一系列慢性病的主要危险因素。

> 词汇释义
>
> **二手烟**又称为环境烟草烟雾,指卷烟和其他烟草制品燃烧时,从燃烧端散发到环境中的烟雾,通常与吸烟者吸烟时呼出的烟雾混合在一起。

目前,全球约有数以十亿计的吸烟者,我国约占 30%。在这些吸烟者中,半数会因吸烟而死亡。每年世界上减少的人口中,有九成与直接使用烟草有关。另外,近四分之三的非吸烟人口会接触到二手烟,导致每年至少 10 万人因此死亡。

中小学生还处在生长和发育的过程中,在这期间吸烟会立即对其呼吸系统和心血管等造成严重的刺激,并且可能导致提前罹患多种慢性疾病。由于烟草中的尼古丁具有强烈的致瘾性,大多数中小学生吸烟者步入成年后依然会保持顽固的吸烟习惯。另外,如若中小学生经常暴露在二手烟雾的环境下,烟雾中含有的大量有害物质也会对他们的身心健康造成极大威胁。

(1)烟草导致癌症。

吸烟可能引发白血病及多个器官癌变,如肺部、口腔、鼻腔、咽部、食道、乳腺、膀胱、肾脏、肝脏、直肠等。其中,位列我国恶性肿瘤发病和死亡率第一位的就是肺癌。另外，吸烟也会影响癌症治疗的效果。如果癌症患者在确诊患癌后仍然有吸烟行为，则与已经戒烟和不吸烟的患者相比，更有可能由于原发癌、继发性癌症和其他原因死亡。

（2）烟草诱发多个系统病变。

由于吸烟产生的烟雾一部分直接经口、气管、支气管而直达肺部，所以烟草烟雾中含有的化学物质会直接接触人体从口腔到肺泡的细胞，从而对其造成损伤。而肺部的细胞经过长时间的毒害后，可能难以恢复，从而导致多种病变。例如，吸烟不但会增加罹患肺结核的风险，也会加速患者死亡；吸烟还会增加患哮喘病的几率。此外，二手烟的烟雾进入哮喘患者的呼吸道后可促使哮喘病发作。

吸烟会损伤人体的免疫系统，导致罹患免疫系统疾病。相应地，免疫系统出现病症使得机体防御疾病的能力减弱，增加罹患其他疾病的几率。

吸烟也会危害人体的生殖系统。一方面，吸烟影响女性雌性激素的分泌，使其受孕困难；另一方面，孕妇吸烟或者暴露于二手烟雾中也会增加胎儿出现唇腭裂等出生缺陷，以及肺部和脑部组织损伤的几率，甚至导致死胎。

烟草烟雾中的有害化学物质也会毒害眼球细胞和眼部血管。不论是吸烟者，还是接触二手烟者，长期暴露在烟草烟雾环境中会使眼部受损细胞难以自愈，导致眼部疾病，如黄斑病变和白内障等。

心脑血管疾病包括脑卒中、高血压、心脏动脉狭窄以及心绞痛等。烟草烟雾中的化学物质可导致血液变稠、形成凝块，进而形成血栓，或引起大脑内供血中断，诱发上述疾病的发生，所以吸烟是这些疾病的主要诱因之一。随着吸烟时间或每日吸烟量的增加，吸烟者罹患这些疾病的几率也随之增大。同样，暴露于二手烟环境下也可增加心脏病和脑卒中发作的风险。

2. 酒精的危害

含酒精饮品中的酒精可经呼吸道和消化道进入人体，经消化道进入是主要方式。进入消化道的酒精约有五分之一由胃部直接吸收，进入血液，随血液运输到全身各处的组织细胞。未被胃吸收的酒精在小肠中被小肠绒毛吸收，进入血液并到达组织细胞。酒精在人体内由乙醇脱氢酶氧化为乙醛，乙醛再进一步被乙醛脱氢酶氧化为乙酸，最后经呼吸作用以二氧化碳和水的形式排出体外。由于个体差异，每个人体内乙醛脱氢酶的活性不尽相同，因此酒精的分解速度因人而异，表现为对酒精的耐受差异显著。部分人体内的酒精可快速转化为乙酸，而部分人群在饮酒后体内乙醛积累，造成血管扩张，甚至酒精中毒。

饮酒与罹患多种疾病有关，包括传染性疾病和慢性非传染性疾病。

（1）酒精引起多个系统病变。

酒精对人体多个系统均有损害。当人体的酒精摄入量增大时，酒精对中枢神经系统的抑制作用也会凸显，导致大脑和多个神经中枢被麻痹。另外，一次性大量饮酒，可能出现急性的神经精神症状；而长期饮酒则会出现慢性神经精神症状，甚至出现对神经系统的不可逆伤害。酒精滥用与酒精依赖是常见的与酒精相关的神经系统疾病，可导致失眠、焦虑和抑郁症等病症以及多种其他疾病的发生与死亡。另外，研究表明饮酒量与癫痫的发作也存在较强的关联。酒精不仅会影响神经系统的反射用时，延缓运动能力，而且会影响判断力等认知能力，所以饮酒可导致发生意外伤害和故意伤害，如交通事故、烧伤、中毒、杀害等，而这些伤害可能进一步引发多种并发症。

由于饮酒时酒精会进入到消化道，为消化道疾病的发生奠定了物理性前提。由酒精引起的消化道疾病主要包括肝硬化和胰腺炎两种。肝硬化是常见的慢性肝病，是由一种或多种病因长期或反复作用于肝脏而造成的肝脏损伤。酒精是其中的一个重要病因，由此引起的肝硬化约占全部肝硬化病例的四分之一。胰腺炎是由于胰蛋白酶消化胰腺而引起的消化道疾病。研究表明，饮酒量与胰腺炎发作之间存在较强的关联性，因而由饮酒而摄入的酒精是引起胰腺炎的一个病因。

（2）酒精引起癌症等疾病。

酒精可导致鼻咽癌、口腔癌、食道癌、结直肠癌、肝癌和女性乳腺癌等。饮酒是引发癌症的风险行为之一，且饮酒量越多，罹患这些癌症的可能性也越高。另外，饮酒与罹患心脑血管疾病也存在关联。如果长期饮酒或过量饮酒，对心律、血压等指标均有不利影响。除此之外，饮酒与糖尿病之间也存在着关联，大量饮酒可能对糖尿病产生不利影响。

（3）酒精引起传染性疾病。

酒精间接与传染性疾病有关。含酒精饮品中的酒精可以削弱人体的免疫系统，使人体容易受到病原体的侵扰，从而可能感染诸如肺炎、肺结核甚至艾滋病等传染性疾病。并且，酒精与罹患传染病的相关度会随着饮酒量的增加而逐渐凸显。

3. 毒品的危害

（1）毒品的特点。

毒品具有成瘾性、危害性和耐受性等特点。毒品的成瘾性是指吸毒人员对毒品上瘾，表现在其生理和心理上过度依赖毒品。吸毒人员对毒品的生理依赖是指吸毒者由于长期吸食毒品，使得其机体的正常生理活动需要毒品参与，否则机体就会产生机能紊乱，造成身体不适。实际上，这是中毒的表现，中毒程度与毒品的种类、剂量和吸食时间长短有关。毒品的危害性是指毒品不但伤害身体，而且对家庭、社会都会造成不利影响。毒品的耐受性是指吸毒人员在多次同剂量摄入一种毒品后，该毒品带来的兴奋感会逐渐降低，导致吸毒人员所需要的毒品剂量随着时间推移而逐渐增加。

（2）毒品的种类。

根据不同毒品出现的时间顺序，可将毒品分为传统毒品和新型毒品两大类。其中，传统毒品包括鸦片、大麻、海洛因、吗啡等早期流行的毒品。新型毒品是出现较晚的毒品，包括冰毒、摇头丸等人工化学合成的致幻剂及兴奋剂类毒品。另外，目前还存在一些具有毒品效力，但还未列入毒品目录的物质，如阿拉伯茶（嚼食）、红冰（冰毒提纯物）、卷入香烟的"干花"（由香料、草药和化学品组成）等。

根据毒品的来源，毒品可分为天然毒品、半合成毒品和合成毒品三大类。天然毒品直接提取自植物（如罂粟、鸦片）。半合成毒品是天然毒品与其他化学物质经化学合成得到的，如海洛因。而合成毒品是经有机合成制备的，如冰毒。

根据毒品对人体中枢神经系统的影响，毒品可分为致幻剂、抑制剂和兴奋剂等不同种类。致幻剂能使吸毒人员产生幻觉，如麦司卡林。抑制剂能抑制人体的中枢神经系统，达到镇静和放松的效果，如鸦片类。兴奋剂则与抑制剂相反，进入人体后通过刺激人体的中枢神经系统，使吸毒人员产生兴奋，如苯丙胺类。

根据毒品的自然属性，毒品可分为麻醉药品和精神药品。麻醉药品指对人体中枢神经起到麻醉作用，连续使用易产生生理依赖的药品，如鸦片类、大麻类和可卡因类。精神药品指直接作用于中枢神经系统，可产生兴奋或抑制作用，连续使用可使人产生依赖的药品，如苯丙胺类。

- 鸦片。又称阿片，俗称大烟，是罂粟果实中流出的乳液经干燥凝结而成。因产地不同而呈黑色或褐色，味苦。生鸦片经过烧煮和发酵，可制成精制鸦片，吸食时有一种强烈的香甜气味，多次吸食会成瘾。
- 吗啡。这是从鸦片中分离出来的一种生物碱，在鸦片中含量约10%，具有镇痛、催眠、止咳、止泻等作用，进入人体后会使人感到愉悦。相比于鸦片，吗啡更容易使人上瘾，长期使用会导致吸食者出现精神失常、幻想等症状，过量使用则会导致呼吸衰竭，甚至死亡。历史上，吗啡曾作为镇痛剂在欧美广泛使用，但由于其副作用过大，最终被归为毒品。
- 海洛因。它的化学名称为二乙酰吗啡，俗称白粉，是我国流行最广、危害最严重的毒品，也是我国监控、查禁的最主要的毒品之一。海洛因通过吗啡和醋酸酐的反应制成，医学上曾广泛用于麻醉镇痛，以及用作精神药品来戒断吗啡，但其成瘾快、副作用大，极难戒断。如长期使用会破坏人体的免疫功能，并导致心、肝、肾等主要脏器受损。
- 大麻。这是一年生草本植物，分为有毒大麻和无毒大麻两种。无毒大麻的茎可制成纤维，籽可用来榨油，而有毒大麻主要指矮小、分枝多的印度大麻。大麻类毒品主要包括大麻烟、大麻脂等，其主要活性成分是四氢大麻酚，能够抑制、麻醉中枢神经系统，使人在吸食后产生愉悦感，甚至出现幻觉、妄想。长期吸食大麻会引起精神障碍、思维迟钝，并使人体的免疫系统受到损害。

● 冰毒。它的化学名称为甲基苯丙胺，由于其外观为纯白色结晶体，故被称为冰毒。该毒品对人体的中枢神经系统具有极强的刺激作用，吸食后会产生强烈的生理兴奋。并且，冰毒的毒性、成瘾性强，可大量消耗吸毒人员的体力，降低其免疫力，严重损害心脏、大脑组织。

● 摇头丸。它是冰毒的衍生物，外观多呈片剂，颜色多样。该毒品以苯丙胺类物质为主要成分，成瘾性强，具有兴奋和致幻的双重作用，服用后导致中枢神经的强烈兴奋，出现摇头、妄动甚至是攻击性行为，长期使用摇头丸可诱发精神分裂症以及心脑疾病等病症。

● K粉。它的化学名称为氯胺酮，为白色结晶粉末，无臭，易溶于水。氯胺酮是一种可用于人、兽的麻醉药，服用后可出现幻觉。长期服用该毒品会导致精神分裂的症状，对记忆和思维能力也会造成严重的损害。

● 咖啡因。它是从茶叶、咖啡果中提炼出来的一种生物碱，也可经化学合成而得。长期大剂量使用咖啡因会引起心律失常、惊厥等症状，并可加重或诱发消化系统疾病。

（3）毒品的危害。

毒品的危害是多方面的，无论对个人、家庭，还是对社会、国家都是巨大的威胁。对个人而言，吸毒人员的平均寿命会比非吸食者缩短10年以上，死亡率也提高15倍。根据统计，吸毒人员的寿命一般不会超过四十岁。毒品的危害表现在以下几方面。

● 毒品对个人的危害。首先，毒品可以破坏人体正常的神经冲动传导，损伤脑部神经组织，甚至对中枢神经系统造成不可逆的损伤，导致吸毒人员发生惊厥、震颤麻痹、周围神经炎、脑囊肿、脑栓塞等疾病。其次，当毒品进入循环系统后，会随着血液流至全身各处，毒害全身的组织、器官。例如，毒品不但会对血管壁造成感染，还会导致心脏出现局部动脉闭塞、衰竭。再次，由于吸食毒品的一种方式就是通过鼻腔直接将毒品吸入呼吸道，使毒品粉末直接到达肺部深处，吸毒人员的呼吸系统必然会受到毒品的影响，例如，其咽、喉、气管等各结构出现炎症，肺部充血、水肿，甚至呼吸系统衰竭。毒品在进入血液循环系统后，会随血液流经消化系统的各个结构，对这些器官和组织产生严重损害，导致吸毒人员营养不良、体重锐减。除此之外，吸毒者非常容易罹患肾脏疾病，如膀胱炎、肾脓肿、急慢性尿路感染等。而当毒品使用量超过了吸毒人员自身身体的承受能力时，则会导致中毒和急性肾衰竭。最后，吸毒不仅损害本人的身体健康，还可能会造成肝炎、艾滋病的传播等公共卫生问题，而这些问题反过来会加剧吸毒人员的身体伤害。例如，由于使用不洁针头注射毒品而导致感染肝炎，吸毒人员的消化系统会在毒品损伤的基础上增加另一种伤害途径。此外，吸毒也会引发吸毒者的多种精神障碍。一旦上瘾，吸毒人员的精神和意志会被逐渐摧毁，导致吸毒人员成为道德沦丧、行为异于常人的"毒瘤"。

- 毒品对家庭的危害。吸毒已经导致了大量的家庭悲剧。吸毒人员在自我摧残的同时，也在亲手毁灭自己的家庭，最终走到家破人亡的境地。导致这样的结果的原因有三点：一是毒品的花费会随着吸毒时间的延长和对毒品需求量的增大而提高。吸毒要耗费越来越多的钱财，一般情况下最终必然要通过变卖家中财产才能换取毒品。二是吸毒人员随着时间的推移，会逐渐丧失伦理观、失去义务与责任感，从而导致家庭破碎。三是吸毒的危害会波及下一代。如怀孕妇女吸毒将严重影响胎儿的正常生长、发育，或导致胎儿染上毒瘾；若父母为吸毒人员，则会对家中的子女起到非常负面的影响，导致这些还是中小学生的孩童模仿，抑或造成其自卑的心态。

- 毒品对社会的危害。吸毒行为在世界蔓延，是各个国家的社会顽疾，使各国人民背上了沉重的包袱。吸毒与犯罪往往沆瀣一气，严重危害着各国人民的生命财产安全与社会公共安全。一般情况下，普通吸毒人员根本不能承受不断上涨的毒资。为了维持毒品消费，吸毒人员除了变卖家产，只能被迫去从事贩毒、盗窃、抢劫等违法行为。另外，由于毒品对神经系统的影响，吸毒人员时常会出现幻觉等精神问题，所以以该类人群为首的打架斗殴现象频繁出现。同时，吸毒也会导致这些需求类似的人群形成犯罪团伙或加入其他非法组织，严重扰乱社会治安，威胁社会安定。为了打击这些黑恶势力，国家需要动用大量社会资源与治安精力，造成对社会财富的巨大浪费，给社会经济带来严重的本不必要的损失。可见，毒品会严重危害社会的正常有序发展。

二、对烟草、酒精和毒品的抵制与防范

对烟草、酒精和毒品的防范任重而道远。一方面，需要让广大中小学生清楚认识到这三者的危害，能够从内心生成抵制的意识；另一方面，由于目前中小学生群体使用烟草和酒精的情况时有发生，也有接触毒品的渠道，所以学校可通过分析中小学生使用这三者的原因，探讨防范的途径，对学生进行相应的教育。

1. 对烟草的防范

世界卫生组织提出了6种最有效的控烟措施：一是监测烟草流行和预防的政策；二是保护人们免受烟草烟雾危害；三是提供戒烟帮助；四是警示烟草危害；五是禁止烟草广告、促销和赞助；六是提高烟税。从学校层面能够实践的有关烟草防范的措施是使学生明确烟草的危害，并且通过家校共育，某种程度上提供给学生无烟的环境：

- 营造无烟校园环境。
- 营造良好的家庭环境，家长避免在中小学生面前吸烟，保护中小学生免受烟草危害。
- 个人和家庭应当充分认识到烟草带来的健康风险。中小学生要为自己的健康负责，拒吸第一支烟，积极采取戒烟行动。
- 在学科课程中融入与控烟有关的知识。
- 邀请专业人士对学生进行专门的烟草防范教育，使学生身临其境，亲身参与到烟草防范的活动中。

2. 对酒精的防范

对于酒精的防范，除了使中小学生清楚地认识到它的危害外，也可从影

响中小学生使用酒精的因素出发，探索防范路径。

（1）家庭环境。

家庭环境是中小学生是否产生饮酒行为的一个重要影响因素。这一因素可从三方面进行分析：是否为独生子女、所在家庭是否完整、家庭是否和谐。

有研究表明，身为独生子女的中小学生的饮酒行为较非独生子女显著，但独生子女的酒精中毒现象比非独生子女低。另外，家庭完整度也是影响中小学生饮酒行为的一个因素。来自离异家庭的中小学生往往更多地参与饮酒行为，且初次饮酒年龄也更低。而积极、和谐的家庭环境可使中小学生习得更健康的行为模式，以及在面对压力时的健康应对方式，表现为不以饮酒等损害健康的方式对抗压力。此外，父母是否饮酒也影响着中小学生的饮酒行为。

（2）经济、生活、社会。

虽然发达国家的饮酒者数量更多，饮酒行为也更频繁，但其饮酒模式相对温和，一般不会出现低经济水平国家饮酒者易出现的暴饮现象。另外，生活事件也是影响中小学生危险行为，如吸烟、饮酒和药物滥用的一个重要影响因素。若中小学生长期处在紧张的生活事件中，除引发心理问题外，也增加了他们参与危险行为的风险。研究表明，中小学生会通过吸烟、饮酒等危险行为应对生活事件压力，且男生更为突出。另一方面，社会环境对中小学生饮酒也存在着深刻的影响。社会道德、传统、法律等对酒精的容忍程度，都影响着中小学生对饮酒的态度。

（3）情绪和行为问题。

中小学生容易受到情绪和行为问题的困扰，包括焦虑、人际关系困难等。这导致中小学生对情绪的调节能力较弱，也缺乏情绪调节的技巧，因而可能会以饮酒等不恰当的行为进行宣泄。多项研究结果都表明，中小学生抑郁和饮酒行为之间存在着相关性，即该群体在心理调节方面遇到挫折时，会以饮酒的方式排解压力。可见，积极有效的心理健康教育对中小学生的酒精防范是十分必要的（详见本章第六节）。

总之，中小学生饮酒这一危险行为是中小学生自身与周围环境相互影响的现实体现。学校应从多方面进行考虑，对学生进行适当、有效的教育。

3. 对毒品的防范

（1）认清毒品泛滥的主要场所。

吸毒是一种违法行为，所以不可能具有固定场所。为了吸引中小学生的注意力，毒品往往出现在中小学生可能出入的娱乐场所中，如游戏厅、网吧等。这些场所鱼龙混杂，中小学生易接触到不法分子。所以，要教育中小学生避免涉足此类场所。

（2）了解影响中小学生吸食毒品的因素。

了解影响中小学生吸食毒品的因素，追因溯源，从源头上掐断中小学生沾染毒品的可能性，是学校进行毒品预防教育的一条途径。除了在上述"酒精的防范"中所提及的因素，中小学生沾染毒品行为可能还由于另一个因素：好奇心。相比于烟草和酒精，毒品的获得往往难度更高，因而显得异常神秘。但是，遵从这样的好奇心最终可能会使学生步入深渊。中小学生的好奇心不应该用于猎奇，而应放在探索新知方面。应教育中小学生树立正确的人生观和价值观，不盲目寻求刺激。

（3）识别涉毒人员、毒品的特征。

使学生了解可能染上毒瘾的人员的外貌与举止特点，辨识常见毒品的特征，加强自我保护意识，对避免初次接触毒品具有十分重要的意义。例如，外表消瘦，手臂上有多处针眼，行为焦躁，食欲不振，藏有吸管、注射器、烟斗等工具是涉毒人员的特征。此外，中小学生还应做到不随便食用陌生人奉上的食物、饮品等，且养成随手带走自己的物品的习惯，防止他人趁机投毒。另一方面，对于常见的毒品，中小学生应能够从外观、气味等方面进行识别。另外，对于含有毒品的物体，如罂粟壳，也应能够从外观上进行辨识，并清楚其可能出现的场所。

（4）参加防毒禁毒活动。

使中小学生积极参加学校、社区开展的禁毒活动，在活动中接受毒品的基本知识和禁毒法律法规教育，体会毒品的危害性，内化自我保护的重要性，从而使学生做到不听信有关毒品的各种花言巧语，并增强防毒禁毒的责任感与使命感。

第六节　心理健康

1977年《科学》杂志刊载了恩格尔的论文，他提出了一个基本的假设：健康和疾病是生物、心理、社会因素相互作用的结果，即生物—心理—社会模式。1989年世界卫生组织对健康的定义进行了调整，即健康不仅仅是无疾病、不虚弱，而是涉及身体、心理和社会适应三个方面的良好状态。健康是由生理因素、心理因素和社会因素这三方面共同决定的，三个因素在交互作用过程中达到平衡，一旦失衡就会出现亚健康或者疾病。所以健康教育中绝不能缺少心理健康教育。在《北京市中小学健康教育指导纲要（试行）》健康教育内容栏目中，心理健康是八项内容中的一项。

一、什么是心理健康

国内外许多学者从自己的理论研究出发对心理健康进行了界定，也给出了心理健康的标准，这些定义和标准不论是从理论依据，还是对心理健康标准把握的尺度，以及在确立心理健康概念和标准时所涉及的或关注点都是不一样的，所以就造成目前国际上没有形成一个公认的概念。但是不论哪种心理健康的定义，我们都可以看到其中的共同之处。首先，无心理疾病是心理健康的基本条件；第二，心理健康是多维度、多角度的；第三，心理健康的人会通过各种方式主动维持自己的心理健康；第四，心理健康的标准要考虑到地区、民族、文化等因素。在此进行心理健康概念与标准的讨论与辨析，是为了帮助我们明确心理健康教育的目标，从而更好地理解心理健康教育的内容，为开展心理健康教育工作奠定理论基础。

随着经济社会的发展，人们的生活方式也发生着深刻的变化，学业、工作压力随之增大，心理健康越来越受到重视，心理健康教育的作用与价值也越发凸显。自 1994 年"加强心理健康教育"第一次出现在国家颁发的文件中，到目前为止，国家和地方政府对于心理健康教育已经形成了多类规范性文件，以指导心理健康教育的有序开展。在心理健康教育实践活动展开的同时，相关的理论研究也平行跟进，我国诞生了一大批有影响力的知名专家。

📝 词汇释义

> **心理健康教育**是健康教育的主要内容之一，它包括普及心理健康知识，树立心理健康意识，了解心理调节方法，认识心理异常现象，掌握心理保健常识和技能。其重点是认识自我、学会学习、人际交往、情绪调适、升学择业以及生活和社会适应等方面的内容。

教育部印发的《中小学心理健康教育指导纲要（2012 年修订）》明确了心理健康教育的主要内容包括：普及心理健康知识，树立心理健康意识，了解心理调节方法，认识心理异常现象，掌握心理保健常识和技能。其重点是认识自我、学会学习、人际交往、情绪调适、升学择业以及生活和社会适应等方面的内容。《北京市中小学和职业学校心理健康教育工作纲要（试行）》明确了心理健康教育的主要内容包括：学习方面的心理健康教育、个性发展方面的心理健康教育、生活和社会适应方面的心理健康教育、生涯发展方面的心理健康教育。依据以上文件，同时结合世界卫生组织对于健康教育的要求，以及《中国公民健康素养 66 条》对于心理健康相关内容的描述，确立了健康教育中心理健康教育的主要内容为：身心发展与自我意识、情绪管理与心理平衡、人际交往与社会适应以及生涯规划与自主发展。

二、学校心理健康教育的内容与策略

1. 身心发展与自我意识

（1）身心发展规律与特点。

一般情况下身心发展都会有一定规律可言，遵循规律学生可以看到自己发展所在的阶段，同时能够和同龄人进行对比，能够更好地理解自己，也会了解自己在该阶段可能存在的局限性，帮助他们更客观地看待自己的成长。关于发展规律的理论有很多，在此只列举几个有代表性的。

弗洛伊德的人格发展理论认为"本能"是一切的驱动力。"本能"指的是人的生命和生活中的基本要求、原始冲动和内驱力。弗洛伊德认为人格发展的顺序依次分为五个时期。其中前三个时期是以身体的部位命名，分别是：口唇期（0–1.5岁）、肛门期（1.5–2岁）、生殖器期（3–5岁）、潜伏期（5–12岁）、生殖期（12–20岁）。

皮亚杰提出的认知发展理论，是目前心理发展理论中认可度最高、使用最多的理论之一。皮亚杰认为，儿童的认知是在已有图示的基础上，通过同化、顺应和平衡等机制，不断从低级向高级发展的一个建构过程。皮亚杰把认知发展分为四个阶段：感知运动阶段（0–2岁左右）、前运算阶段（2–6岁）、具体运算阶段（6–12岁）、形式运算阶段（12岁及以后）。同时，皮亚杰对儿童道德认知也进行了研究，他提出的儿童道德认知发展理论也获得了普遍认同。他把童年期的道德认知发展分为三个阶段：前道德阶段（0–5岁）、他律道德阶段（5–10岁）、自律道德阶段（10岁以后）。

（2）身体意象。

每个人都会感知并评价自己的外貌，这便是身体意象。到目前为止学术界对身体意象并没有一个统一的定义。国内外很多学者都从自己研究的角度对身体意象给出了定义。国内学者陈红认为身体意象是指个体形成的对自己身体的心理图画，包括对身体生理心理功能的认知、态度（如情感评价）以及对行为的影响。影响一个人的身体意象主要有三个因素，三大因素同时作用于每个人身体意象的形成。一是个体本身的生理特点，例如性别、身高等；二是个体的心理特点，例如归因模式、认知模式等；三则是社会环境，例如媒体宣传、流行趋势等。

词汇释义

> **身体意象**是指个体形成的对自己身体的心理图画，包括对身体生理心理功能的认知、态度（如情感评价）以及对行为的影响。

具有一个积极的身体意象是心理健康重要的评价标准之一。从中小学生心理健康教育而言，教育的第一步是帮助学生正确认识理解自己，从而形成一个良好的身体意象。儿童自我认知发展的特点是由外到内，即先认识自己的外貌，在此基础上才能逐渐认识到自己的内心世界。自我概念的形成建立在自我认识的基础之上，先形成自己外貌的概念，随着年龄的增长越来越多维，越来越丰富。所以，没有一个良好的身体意象，是很难形成积极的自我概念的。

当然，身体意象并不是一成不变的，所以帮助学生形成并维持一个良好的身体意象就尤为重要。教师要帮助学生掌握更多的心理健康知识，引导学生客观地面对自己成长遇到的问题，组织同伴或者小组之间进行问题解决策略的分享，帮助学生正确认识和分析媒体信息等。

（3）自我意识。

自我意识是意识的核心，它是人格结构和个性的重要组成部分，在中小学生学习生活适应和调节心理健康方面有着重要的意义。自我意识是一个多维多层次的结构，我们平时提到的自尊、自我概念、自我认同等都是自我意识的一部分。不同的学者根据自己的研究给出了自我意识的结构模型，以解答自我意识具体由哪些维度和内容组成。我们可以借助不同的理论模型，从不同的维度和内容帮助学生去探索和思考。

但是自我意识的形成不是一蹴而就的，会受到很多因素的影响，但主要经过三个阶段，从生理自我意识到社会自我意识，再到心理自我意识。自我意识的形成不能忽略的就是学生对自己的认识，可以说客观的自我认识是自我意识形成的第一步,是心理健康的基石,也是心理健康教育的主要任务之一。青春期阶段是个体自我意识发展的第二次高峰期。不同年龄对于自我意识的发展有不同的需求,但我们往往会忽略学生自己成长的欲望与力量。

自我评价是自我意识的一种重要形式。影响中小学生自我评价的因素有很多。首先,他们的自我评价会受到重要他人的影响。"镜像自我"理论认为,别人对儿童的观点态度就像一面镜子,儿童会以此来认识和评价自己。其次,自尊水平也会影响儿童的自我评价情况。再次,家庭也会影响儿童的自我评价,如家庭是否完整、是否有兄弟姐妹等或多或少会影响儿童对自己的评价。当然,自我评价并不是一成不变的,随着年龄的增长,认知水平的提升,自我评价会不断地调整与改善。在充分考虑到自我评价的影响因素的同时,引导学生对自己做出客观的评价是心理健康教育的重要内容之一。

2. 情绪管理与心理平衡

(1) 情绪管理。

情绪管理的研究主要是从组织行为学和心理学等领域展开讨论,形成了各自角度的研究成果。组织行为学对于情绪管理的研究起源于在20世纪80年代初期,社会学家霍克希尔德在对一家航空公司空服人员的情绪表达进行研究之后,明确提出了情绪管理的概念。她认为情绪管理是一种需要遵循情感规则的工作,是个人试图去改变情绪或感觉之程度或质量所采取的行动,并且情绪是可以根据环境的要求进行管理的。自此之后,很多学者也开始了情绪管理研究,情绪管理的概念逐渐丰富起来。他们的研究对当代企业计划产生了深远的影响,企业开始重视员工的情绪管理,帮助每一个员工去减缓工作压力、改善工作情绪。

心理学界对于情绪管理的讨论主要是从情绪智力的角度进行探讨。1995年,哈佛大学心理学家戈尔曼提出的一个革命性的概念——情绪智商。他将情绪智力分为五个方面,分别是自我意识能力、自我管理能力、自我激励能力、同理心能力和人际关系的管理能力。情绪的自我管理是情商的一个维度,主要负责调控自己的情绪,使情绪能够适时、适地、适度。

在整合组织行为学和心理学对于情绪管理的理论之后，再来看健康教育中的情绪管理。从狭义的角度解释，学生的情绪管理主要是从培养和提升情绪智力的角度出发，帮助学生学习处理自我情绪及冲动的能力。也就是戈尔曼对于情绪管理中自我管理能力的解释。从广义上讲，情绪管理就是情绪智力，是对学生自我意识能力、自我管理能力、自我激励能力、同理心能力和人际关系的管理能力全方位进行指导。

在进行情绪管理内容的教学时，我们可以从不同的理论角度，帮助学生更好地理解自己的情绪。

首先，教师可以引导学生用生物学观点来理解情绪。"分化情绪理论"认为情绪是一系列先天的"神经过程"，每个人的情绪都有一定的生理基础。例如：自主神经负责维持稳定，网状激活系统对情绪进行放大或减弱，而底层中枢神经系统对事件的意义进行评估。有一些情绪是天生、独立存在的，比如愉快、难过、生气、害怕、惊奇以及厌恶。随着年龄的增长这些情绪在保持不变的基础上，会和其他系统建立连接，逐渐发展出更高级复杂的情绪。

其次，随着年龄的增长，学生的认知水平不断提升，教师要帮助学生用认知的视角去看待并解释自己的情绪。坎农－巴德的情绪学说、阿诺德的评定兴奋学说、沙赫特的认知激活理论、拉扎勒斯的认知评价理论等，都强调认知能力在情绪产生、调节中的作用。他们认为情绪的产生和变化往往受到认知的影响。心理学家卡根认为情绪是表征外部事件、内部思维以及个体检测到的内部生理状态的改变，是这三者之间不断变化的关系的上位范畴，这三者形成一种整体上的"格式塔体验"，也就具备了某种情绪标签。随着认知能力的发展，新的知识表征的不断获得，个体的情绪也就得到了发展，从而个体就有可能获得以往从来没有过的全新的情绪体验。情绪 ABC 理论在情绪管理的课堂中也高频次的出现，它是指通过调整不合理信念、改变认知的方式去调整自己的情绪状态。

再次，从机能主义的角度也可以帮助学生去理解情绪。机能主义认为情绪是在对个体具有显著意义的情境事件上，个体建立、维持、改变或终止其与环境的关系的一种企图。也就是情境不同,人们作出的行为反应不同,情绪对个体与环境之间关系存在适应性机能。个体的情绪发展依赖于个体对情境事件与自身关系的认知。随着个体社会化和认知水平不断发展,个体与情境交互模式的数量、复杂程度也在不断变化,个体的情绪也就得到发展。所以帮助学生更好地理解环境和事件,是提升情绪管理能力的重要一环。

最后也是最重要的一点就是情绪不仅有个人特色,也有地域和社会历史文化特色,所以帮助学生认识情绪一定要从社会建构理论的角度去理解。从社会建构角度去理解情绪的话,会发现情绪既是个体自身内部的建构,更是个体之间的建构,也是能在更高层面反映出社会历史义化以及政治秩序的综合征候群。从这个角度,学生对情绪的理解会更加的深入。

(2)心理弹性与压力管理。

学生的压力无处不在,学业、人际、家庭、自身成长等因素都可能对学生产生压力。面对压力在他人的帮助下及时疏导是一种方法,但是帮助学生形成一种积极应对压力的心态,及时进行自我调整,从长远发展的角度看更适合。学生压力管理能力与心理弹性水平呈正比,只有提升学生心理弹性水平,才能够帮助学生做好压力管理。

有很多传奇故事的主人公都是从小经历了各种困难、挫折,甚至有人身体有残疾,但是他们成年后都可以过着幸福的生活,甚至对社会做出很大的贡献。当然也有很多反向的例子,很多儿童在面对压力和挫折时十分脆弱,很快就被它们打倒,从此一蹶不振,在其中起到重要作用的就是心理弹性。

词汇释义

心理弹性包含三种概念,第一种是"克服逆境",指个人内部的一种具体的个人力量;第二种是面对急性或慢性生活压力,例如父母离异、重大丧失等,个体并未受到消极的影响,而是成功地应付这些压力;第三种指的是经历创伤后的恢复,即创伤没有打倒个体。

心理弹性一般体现在一些保护性因素的作用上，这些保护性因素既包括外在因素，又包括本身内在的特点。当然除了保护性因素还有危险性因素，具体指儿童遇到的众多危险与困难。这两种因素在多种其他因素的交互作用下影响儿童的行为表现，使其产生不同的结果，有消极结果也有积极结果。

在对儿童保护性因素和危险性因素研究之后发现心理弹性发展的四种作用机制，也是我们在心理健康教育中应该去实践的内容。一是降低危险因素的影响，比如先让儿童在危险系数较低的环境下学习如何去应对这些危险，当遇到更大的危险时就可以减少其对个体的不利影响。二是减少由于危险因素而产生的消极连锁反应。三是保护性因素对儿童弹性发展的影响可以通过自尊和自我效能感来提升，具有高自尊和自我效能感的儿童往往更有勇气去面对困难与危险。四是为个体获取资源或为个体完成生命中的重要转折而创造机会。

3. 人际交往与社会适应

（1）人际交往与异性交往。

从心理健康教育角度出发，中小学生的人际交往第一需要关注的是同伴关系。同伴关系主要是指同龄人间或者心理发展水平相当的个体间在交往过程中建立和发展起来的人际关系。中小学生同伴之间的交往是成人无法取代的，对中小学生心理健康发展起着至关重要的作用。

同伴交往经验有助于中小学生自我概念和人格的发展完善。通过同伴交往，中小学生会收集自己在他人眼中是什么样的有关信息，这些信息在自我概念形成时发挥了重要的作用。在同伴关系里，中小学生会提前理解社会规则和社会角色的内涵，这也是形成健康的自我概念所必需的内容。很多研究都发现在学校期间同伴关系不良会导致中小学生短期和长期的社会适应困难。归属和爱以及尊重是人类基本的需要之一，同伴关系则能够给中小学生社会支持和安全感。他们会在不同的关系中去寻找不同的社会支持功能，以满足自己不同的社会需求。这点在青春期阶段表现得尤为明显，友谊对青春期的青少年是重要的社会支持，它能减少青少年对在这一特殊时期出现的急剧变化的焦虑和恐惧。中小学生的同伴关系为成年阶段恋爱、婚姻和亲子关系提供了原型，是未来发展社会功能的重要背景。

同伴关系的建立受到很多因素的影响，例如外貌、年龄特点、家庭因素、环境因素、社交技能、教师因素等。同伴交往在不同年龄段有不同的特点，小学低年级阶段教师因素对儿童同伴关系起着重要的作用，我们可以充分利用教师因素的影响，帮助他们去形成良好的同伴关系，但这并不是长久之计，随着年级的增加以及认知水平的提升，只有不断提升社交技能才能够通过自己的努力获得良好的同伴关系。到了中学阶段，青少年对同伴关系的需求十分迫切，也非常容易受到同伴的影响，随着网络通讯功能的发展，中学生的交往面不断扩大，所以仅仅教授社交技能已经不能够满足他们的需求，更重要的是引导他们对于朋友的选择与甄别，让他们学会如何在网络上进行安全的人际交往。

除了同伴交往，我们还要关注到其他形式的交往，例如家庭中的亲子关系，以及在学校的师生关系。不论是哪种关系，其实都是换位思考和相互理解。在此要强调的是师生关系，随着时代的发展，新型师生关系取代了传统的师生关系，学生与教师更平等。我们要引导学生在这种平等的关系下，尊重教师，理解教师。如果学生盲目夸大自己的权利，将自己置于教师之上，就会造成师生矛盾。教师如果不能及时转变自己的思路，仍用传统师生关系的理念进行教育教学，也会导致师生矛盾。

同时我们也要注意到从青春期前期开始，男女生之间原本可能水火不容的敌对关系，慢慢变得暧昧起来，青春期的生理发育带来了异性交往的心理需求。首先，我们要肯定这种需求，但是因为未成年人受到认知水平的限制，在异性交往的过程中很容易受到伤害，从而产生心理问题，所以在对学生进行必要的性生理知识讲授的同时，也要对学生进行性心理和性道德知识的传递，帮助学生区分友谊与爱恋，学会处理异性交往过程中常见的问题等。

（2）亲社会行为与规则意识。

在学生学习人际交往和社会适应过程中，我们不能忽略对学生亲社会行为和规则意识的培养。亲社会行为指任何自发性地帮助他人或者有意图地帮助他人的行为，是一种非常普遍的社会现象。

亲社会行为的产生和培养受到多方面因素的影响。在学校工作中，德育课、班会等都会开展相关的教育教学工作，心理健康教育是对相关工作的补充。可以通过以下三个方面入手：首先，可以培养共情的能力，共情是一种感受体验他人情感的能力。目前有大量研究表明共情和亲社会行为有关，提升中小学生的共情能力一方面可以使班级、年级内出现大量亲社会行为，形成良好的人际环境，同时也会使学生对班级、年级外的师生的态度更积极，使学校的氛围更加和谐。其次，要培养中小学生正确的自我概念和道德观，这不仅利于个体社会性发展，更有利于亲社会行为的发展。在心理课堂上，教师可以推出更多的亲社会活动，从而增加亲社会行为发生的可能性。

规则是社会生活必不可少的一部分，对每个人的成长及社会化都具有重要的意义。规则意识并不是与生俱来的，规则意识形成的关键期是幼儿园阶段，儿童离开家开始集体生活，在这个小社会中去体验规则，逐渐形成规则意识。之后随着年龄的增长，儿童青少年对规则的理解会更加深刻，也逐渐从他律向自律转化。规则意识的形成对儿童的道德发展至关重要，从心理健康教育的角度我们更多的是去帮助学生理解规则、适应规则，学会处理规则与个人需求之间的心理冲突。

（3）校园暴力。

随着近几年校园暴力事件越来越多，大家对校园暴力的关注度也越来越高。之所以大家如此重视校园暴力这个话题，是因为校园暴力的危害十分可怕。校园暴力不仅会导致不同程度的躯体损伤，甚至残疾，还会导致心理上的"创伤后应激障碍"。同时，校园暴力会破坏教学秩序，危害师生安全，使学生和家长对学校产生不信任感。

校园暴力包括发生在校内、上下学途中、学校组织的活动及其他所有与校园环境相关的暴力行为，主要表现有三类：第一，学生之间的暴力；第二，教师体罚学生，或学生对教师施暴；第三，校外人员对校内师生施暴。校园暴力的方式包括躯体暴力、言语和情感暴力以及性暴力。需要注意的是网络社交中"软暴力"已经逐渐取代了"硬暴力"，而且更隐蔽更难以发现。

　　根据研究发现，校园暴力的背后能够折射出中小学生众多的心理问题，所以预防校园暴力的内容也进入到了心理健康教育的范围。我们可以帮助学生提升人际交流技能，如怎样在日常生活中以积极态度与人交往，以诚恳、谦虚、宽容的态度对待他人，怎样控制情绪和解决矛盾冲突，怎样建立和保持友谊，怎样正确和异性交往等；通过心理辅导排解自卑、孤独、嫉妒等心理问题以及自暴自弃、怨天尤人、偏激等不良情绪，提高承受力；帮助学生认知暴力以及暴力对他人造成的心理伤害；能够识别校园暴力可能出现的预示性表现和警告信号，并及时与父母和教师沟通。

知识卡片：预防校园暴力的干预模式

　　目前国际上比较认可的是WHO所倡导的"社会生态学理论"，此理论是迄今为止较理想的预防校园暴力的理论模式。通常分步实施干预，第一，全面了解影响青少年健康的危险行为（包括暴力倾向）表现；第二，利用该模式分析家庭、学校、社会等环境中的危险因素及其相互作用；第三，从三级预防角度出发，针对这些危险因素分别制定预防措施。干预的核心是建立学校、家庭、社区三联屏障。

4. 生涯规划与自主发展

（1）学习风格。

　　1954年，学习风格的概念被首次提出，用来形容学习过程中学生的个别差异，之后国内外学者开启了对学习风格的探讨和研究。不同学者从不同的研究内容与角度对学习风格进行了定义，有将学习风格界定为学习者稳定的行为表现方式的，有将学习风格界定为信息加工方式的，有将学习风格界定为大脑某一特定半球的偏好的，有将学习风格界定为学习方式、学习方法、学习策略、学习条件的，不论是哪种界定方式，他们都强调学习风格有明显的个体差异性，学习风格包含学生喜欢的或经常使用的学习策略、学习方式或学习倾向，同时学习风格具有稳定性，很少因为学习内容、情景等因素改变而变化。

在心理健康教育中，帮助学生了解自己的学习风格，有助于他们尽快找到适合自己的学习方法，提升学习效率。更重要的是引导学生从自己的学习风格中的短处和劣势出发进行思考，有意识地采取一定的学习策略加以弥补。对自己学习风格的认识，其实是引导学生从智力与人格相结合的角度对自己的心理世界进行整体的思考和分析。

关于学习风格的教学内容可以根据一些成熟的学习风格模型为理论基础展开，通过设计相关的课堂活动帮助学生从各种角度去探索自己的学习风格。

（2）学习动机。

学习需要是学习动机产生的基础，它是教育、社会、家庭对学生学习的客观要求在学生头脑中的反映，具体表现为学生的学习意向、愿望、兴趣等。学习行为是由学习动机所引发的，没有学习动机或者动机不明确，就不会有积极的学习行为。学习动机总有一定的目标或者目的，它涉及个人需要的很多方面，内容和形式也很多样。

国内外学者希望用动机理论来解释学习动机，以对教育教学实践提供一些帮助与支持。目前比较重要的理论框架有强化理论、期望价值理论、归因理论、能力自我知觉理论和成就目标理论。从理论出发，我们发现影响中小学生学习动机的因素，可分为主、客观两个方面。主观因素包括兴趣与好奇心、自我概念、抱负、归因倾向等；客观因素包括教师的作用、同学的影响、学校心理环境的影响等。

心理健康教育可以从以下几个方面开展。

- 引发学生的学习需要，这是培养学习动机的关键。教师可以对学生进行学习目的教育，促使学生把对其他活动的动机迁移到学习方面。
- 帮助学生明确学习目标。学习目标是学生在学习活动中所预期和追求的客观标准在主观上的超前反映,它具有鲜明的导向和激励作用。

● 加强对学生的归因训练。经常要求学生对自己学业的成功与失败进行归因分析,形成主动归因的意识。正确归因应着重于个人的内部因素,要指导学生习惯于从个人努力程度、学习方法等方面进行归因,避免偏重于外部因素的倾向。

（3）生涯规划与生涯适应力。

在20世纪70年代,受人本主义心理学思潮和职业指导的发展心理学派的影响,职业教育的研究者们发现人们的职业兴趣不是面临升学或就业的选择而突发性产生的,而是从小形成并发展而来的,是一个连续的过程。所以家庭、早期经验对成年后的职业选择有着重要作用。于是,单纯的职业指导开始向生涯教育转化,形成了了解个体的心理需求、协助个体选择职业及重组需求形态的生涯教育模式。

> **知识卡片：生涯发展阶段**
>
> 在生涯领域内,舒伯的生涯理论的发展过程无疑是最佳的诠释与典范。在他看来,人的生涯发展阶段可以划分为五个阶段,并在每个阶段中提出相对应的发展任务：第一,成长阶段（从出生到14岁）,生涯发展的任务是发展自我形象、发展对工作世界的正确态度,并了解工作的意义。第二,探索阶段（15-24岁）,生涯发展的任务是使职业偏好逐渐具体化、特定化并实现职业偏好。第三,建立阶段（25-44岁）,统整、稳固并求上进。第四,维持阶段（45-65岁）,维持既有成就与地位。第五,衰退阶段（65岁以上）：面对现实,注重发展新的角色,寻求不同方式以替代和满足需求。

生涯适应力是近几年兴起的生涯教育热点,是指个体因生涯角色变化而与之保持平衡的能力,被视为个体在快速变化的现代社会中获得生涯成功的关键能力。

第七节　运动与健康

党和国家领导人非常关心儿童青少年健康问题,关注学校健康教育的开展与落实。2018年9月10日在全国教育大会上,习近平总书记在讲话中强调"要树立健康第一的教育理念,开齐开足体育课,帮助学生在体育锻炼中享受乐趣、增强体质、健全人格、锤炼意志",强调了学校体育、体育课、体育锻炼对学生身心健康及人格培养的重要价值。

一、运动与健康的关系

《"健康中国2030"规划纲要》指出:"健康是促进人的全面发展的必然要求,是经济社会发展的基础条件。实现国民健康长寿,是国家富强、民族振兴的重要标志,也是全国各族人民的共同愿望。"健康与健身运动和身体素质密切相关。随着经济与科技的快速发展,机械化、自动化逐渐代替了人体的活动,人们的运动逐渐减少;而随着生活水平的提高,人们又更多地食用高脂、高糖、高蛋白的食物。运动的减少和高脂、高糖、高蛋白的增多,造成人体正常新陈代谢功能下降,肥胖症、糖尿病、高血压、脑中风、心脏病的发病率增加;动脉硬化、肾病、胆石症、骨质疏松症、精神抑郁症的发病率也明显升高。

《"健康中国2030"规划纲要》强调,"发布体育健身活动指南,建立完善针对不同人群、不同环境、不同身体状况的运动处方库,推动形成体医结合的疾病管理与健康服务模式,发挥全民科学健身在健康促进、慢性病预防和康复等方面的积极作用。实施青少年体育活动促进计划,培育青少年体育爱好,基本实现青少年熟练掌握1项以上体育运动技能,确保学生校内每天体育活动时间不少于1小时。到2030年,学校体育场地设施与器材配置达标率达到100%,青少年学生每周参与体育活动达到中等强度3次以上,国家学生体质健康标准达标优秀率25%以上"。

目前我国儿童、青少年面临的健康问题依然非常严峻。2016年著名医学杂志《柳叶刀》发表全球成人体重调查报告，科学家在历时40年对1,920万受调查成年人的体质指数（BMI）进行调研后发现，世界上胖子的数量已超过瘦子，中国的肥胖人口已超过美国列首位。2016年全国学生常见病及健康影响因素测试结果显示，学生常见病排前五位的是：视力不良、龋齿及口腔疾病、超重肥胖、营养不良、沙眼及结膜炎。因此，在中小学校加强和落实健康教育是重中之重，应该引起各级政府、部门、学校以及全社会的高度重视。

面对学生体质和健康状况的现状，落实国家发展战略，推进学校健康教育，促进学生健康素养的提升，使学生养成健康的运动观念、运动习惯是当前中小学教育的重点工作任务，其中体育运动是促进学生健康、培养学生健康行为方式的重要保障之一，因此加强运动与健康教育迫在眉睫。

二、学校运动与健康的主要内容

《"健康中国2030"规划纲要》提出，健康生活指标要达到"经常参加体育锻炼人数，2015年达3.6亿人，2020年达4.35亿人，2030年达5.3亿人"。运动是健康的生活方式和人们追求幸福生活的基础之一，运动习惯的养成要从青少年开始。根据《北京市中小学健康教育指导纲要（试行）》目标及内容要点，青少年运动与健康的内容包括：运动与健康知识、运动技能、运动安全防护、运动与情绪、体育道德等方面，按五个学段依次递进，螺旋上升，最终达到帮助青少年养成运动习惯、提升健康素养的目的。

1.学段一运动与健康的主要内容

（1）运动与健康知识。

让学段一（小学1-2年级）的学生了解正确的坐、立、行姿势，知道不良身体姿势影响健康，如脊柱弯曲就会慢慢变形。了解体育运动的种类，塑造良好的体型和身体姿态。了解水对人体健康的重要性，认识过多饮用碳酸饮料和含糖饮料对人体的危害。了解个人卫生保健知识与方法，能够更好地适应环境。

（2）运动技能。

运动技能是指学生积极参与体育运动和体育游戏，掌握身体活动和体育游戏的方法。要让学生了解和参与球类、体操、武术等活动，活动时保持正确的身体姿势；了解运动安全的相关内容，遇到运动损伤会求助。在体育与健康课上，要强调：有事有病应请假，运动服装要穿齐，提前到场准备好；排队集合快静齐，专心听讲看示范，团结合作认真练，遵守纪律保安全，上课下课要行礼，爱护公物记心间；不要大量喝水和饮料，不要用凉水冲头和身，不要暴饮暴食。

词汇释义

> **体育游戏**：体育游戏是学校体育的重要组成部分，是体育教学的重要内容。体育游戏具有一定情节和竞赛因素，形式生动活泼，内容丰富多样，场地、器材简单，易于普及和开展，具有趣味性、娱乐性、教育性特征。体育游戏能提高学生的基本活动能力，促进德智体美劳全面发展。

（3）运动安全防护。

运动安全防护包括：适量运动，保持合理的运动节奏，保持正确的身体动作，减少运动伤害；要在有安全保障环境的场所运动；运动时要穿运动服和运动鞋，要佩戴安全护具、器械等，不要佩戴校徽、胸针、玻璃和金属饰品；做好运动安全教育，如运动前准备活动（热身活动），运动中遵守规则，注意力集中，运动后适当放松等。

（4）体育道德。

帮助学生成为一名具有良好体育道德的运动参与者，在运动中积极适应新的合作环境，在体育活动或游戏活动中遵守运动规则，积极参与交流与合作，爱护和帮助同学等。

2.学段二运动与健康的主要内容

（1）运动与健康知识。

让学段二（小学3-4年级）的学生知道体育运动能塑造良好的体型，以及保持正确身体姿态的方法；让学生了解通过体育锻炼能增强体质，增强抵抗力，能够更好地适应环境。

📝 **知识卡片：健康体能的概念及内涵**

健康体能是指有良好的身体状态，它意味着心脏、肺、骨骼、关节和肌肉都很强壮，能轻松地运动。通过有规律的体育运动，身体会变得更健康。健康体能的内容包括：心脏健康、低身体脂肪、肌肉耐力、肌肉力量、柔韧性。

心脏健康是指心脏和血管的状态良好。耐力性的运动有助于心脏健康，如骑自行车、耐久跑等。

低身体脂肪是指身体没有多余的脂肪，一般用皮下脂肪的厚度来衡量身体的脂肪含量。

肌肉耐力是指人体长时间使用肌肉的能力。游泳、跑步（耐久跑）、骑行等能提高人的肌肉耐力。

肌肉力量是指肌肉提、推、踢和抛的能力。仰卧起坐可以使腹部肌肉更强壮，立定跳远可以使腿部力量更强壮。

柔韧性是指轻松地弯腰和运动的能力。伸展肌肉和韧带，可使肌肉富有柔韧性，体操、健美操、舞蹈等是需要柔韧性的运动。

（2）运动技能。

鼓励学生积极参与多项体育运动项目，让学生知道掌握一定的体能技能对发展身体素质、更好地进行体育运动有积极的作用，如灵敏性、平衡能力、协调性、反应时间、速度、力量等；掌握常见体育项目如田径、游泳、滑冰、篮球、足球、体操、武术等的基本技能及保护措施。此外还应帮助和指导学生制订个人体育运动计划，内容包括：做表格，记录一周的身体练习内容；安排 3~5 天的实践，进行有助于心脏健康的练习；安排 2~4 天进行肌肉力量和肌肉耐力练习；安排 2~4 天进行柔韧性练习；一周的总结与反馈。

（3）运动安全防护。

内容包括：掌握常见体育项目如田径、游泳、滑冰、篮球、足球、体操、武术等的基本动作及保护措施，学生遇到不同类型的运动损伤会求助；遵守规则；适量运动，保持合理的运动节奏，保持正确的身体动作，减少运动伤害；要在有安全保障环境的场所运动；运动时要穿运动服和运动鞋，要佩戴安全护具、器械等，不要佩戴校徽、胸针、玻璃和金属饰品；做好运动的安全教育，如运动前准备活动（热身活动），运动中注意力集中，运动后适当放松等。

（4）运动与情绪。

内容包括：了解体育运动能调节情绪、提高自信，增进与朋友的交往，促进心理健康；学会调控情绪的方法，在体育运动中保持积极稳定的情绪；学会沟通技巧，选择正确的沟通方式；有礼貌地传达清晰的信息。

（5）体育道德。

帮助学生成为一名具有良好体育道德的运动参与者，坚持完成具有一定难度的体育活动；在体育活动中遵守运动规则，积极参与交流与合作。

知识卡片：运动前后的饮食和饮水

运动前后都不能大量饮水。运动前必要时可以喝点糖水；运动中大量出汗，可稍补充水分；运动后可先含水漱口，再喝点温开水，也可喝含少量盐的温开水。一次饮水 100~150 毫升，夏天喝 10 度左右的凉开水，冬天喝 20~30 度的温开水。进食后休息半个小时或一个小时再运动。

3. 学段三运动与健康的主要内容

（1）运动与健康知识。

让学段三（小学 5-6 年级）的学生知道身体结构、骨骼、肌肉以及身体系统的功能特点，并能根据自身特点制定体育运动实施方案；掌握体育运动知识与自我保护的方法，预防运动伤害；掌握经期运动卫生的相关知识；掌握通过体育锻炼增强体能和提高抵抗力的方法。

> **词汇释义**
>
> **体能**是指人体的基本活动能力，是人体各器官系统的功能在运动中的综合反映。体能作为一个系统结构，分为内部结构和外部结构。体能的内部结构指体能系统内各要素之间的相对稳定的练习方式、组织秩序及其时空关系的内在表现形式，由身体形态、生理机能和运动素质三个子系统构成。体能的外部结构指各要素之间的相对稳定的联系方式、组织秩序及其时空关系的表现形式。

（2）运动技能。

小学 5–6 年级的学生应学会通过体育活动进行积极休息的方法，要鼓励他们积极参与多项体育运动项目，让他们知道掌握一定的体能技能对发展身体素质、更好地进行体育运动有积极的促进作用，如灵敏性、平衡能力、协调性、反应时间、速度、力量等。该年龄段的学生应掌握常见体育项目如田径、游泳、滑冰、篮球、足球、体操、武术等的基本技能及保护措施。此外，还应学会运用靶心率的知识制订体能实施训练计划。

> **词汇释义**
>
> **靶心率**指锻炼时应采用的强度所对应的心率范围，进行有氧运动时的心率如果处于靶心率的范围内就说明运动强度适宜。靶心率推算公式：发展心肺耐力的靶心率 =（220 – 年龄）×（65%~80%）。

制订体能计划是为了提高与运动健康相关的体能。与运动技能相关的体能包括灵敏性、平衡性、速度、力量、耐力、协调性、反应时间等。制订计划前首先要评估自己的体能水平和可以利用的资源。

- 时间分配：根据自己的学习计划，确定什么时间可以运动。
- 设施：体育运动需要特殊的场地、设施和器械等。

- 设备：体育活动需要特殊的装备，如滑板及相关护具（头盔、护膝、护肘等），自行车及头盔等。
- 资金：有些健身活动中心提供有偿服务（场地租金和学习技能）。
- 同伴：是否有同伴一起运动。

该年龄段的学生应该具有评估自己体能的能力，因此，要主动了解体能水平测试成绩，以此作为制订体能计划的依据。学生体质测试成绩记录单，如表4-1所示。

表4-1 学生体质测试成绩记录单

单项指标	五年级			六年级		
体重指数	成绩	得分	等级	成绩	得分	等级
肺活量						
50米跑						
坐位体前屈						
1分钟跳绳						
1分钟仰卧起坐						
50米*8往返跑						

📝 知识卡片：制订体能计划的要素

（1）体育锻炼的类型：选择运动项目和体能练习内容，如篮球或足球项目，体能练习仰卧起坐或柔韧拉伸（体前屈、劈叉等）。

（2）体育锻炼的频率：每天坚持进行锻炼。

（3）体育锻炼的强度：参与运动项目和体能练习时，设计或控制靶心率的范围60%~75%。

（4）体育锻炼的时间：每天坚持锻炼时间至少1小时或1小时以上。

（5）参加运动前、中、后身心状态的调整。

（6）运动的安全保障和安全预案。

（7）重视运动前热身运动，运动后放松运动。

（8）关注运动前、中、后饮水健康，饮食健康以及相关的保健常识。

（3）运动安全防护。

体育运动过程中，要把安全放在第一位，运动或训练前先进行身体检查；根据运动内容安排，保证具备运动的基本素质，如力量、耐力、关节的灵活性与稳定性等，并能承受相关的运动负荷（运动负荷超出能力范围，易发生损伤）。该年龄段的学生要掌握常见体育项目的基本动作及保护措施，遇到运动损伤在积极求助的基础上，能处理轻度的运动损伤。

词汇释义

> **运动损伤**是指体育运动过程中发生的各种损伤。它的发生与体育运动的运动形式和动作技术有关。按损伤的组织结构可分为皮肤损伤、肌肉与肌腱损伤、关节韧带损伤、骨损伤、神经损伤、血管损伤、内脏器官损伤。

知识卡片：PRICE 疗法处理急性损伤的方法

PRICE 疗法包括保护、休息、冰敷、按压和高抬五个步骤，可以用于治疗肌肉酸痛、抽筋、扭伤和刮伤等，越早运用 PRICE 法进行治疗，受到的伤害越小，恢复越快，如果五个步骤没有起效果，可寻求医生的帮助。

PRICE 疗法步骤：

（1）保护：采用固定的方法，保护受伤部位不受进一步的伤害。

（2）休息：让受伤的部位得到休息。

（3）冰敷：用冷水或冰袋对受伤的部位进行冰敷。

（4）按压：压住受伤部位，用弹性绷带止血，但要注意不要压得太紧。查看受伤部位的疼痛、麻木和颜色改变的情况。30 分钟后，移走绷带，冰敷 15 分钟，然后再裹上绷带，用冰敷 30 分钟。重复此过程持续 3 个小时。

（5）抬高受伤的部位，尽量使其高于心脏，以便使伤口止血。

（4）运动情绪与体育道德。

学生在体育运动中遇到挫折能控制自己的情绪，如比赛失利时能采用自我激励的方法控制焦虑、烦躁等不良情绪。能表现出坚强的意志品质，克服长跑中的"极点"反应，在集体活动中遵守规则、尊重裁判、尊重队友和对手，具有良好的团队合作意识、正确的胜负观以及体育道德意识和行为规范。

4.学段四运动与健康的主要内容

（1）运动与健康知识。

学段四（初中 7-9 年级）的学生应理解体育运动对身高、体重、心肺功能的影响；知道体育运动能控制体重，保持血管健康，促进骨骼生长，增强肌肉力量；掌握青春期的保健知识；了解运动能促进睡眠，能降低患心脑血管等疾病的风险，能增强抵抗力，减缓压力，有助于发展社会技能。

词汇释义

力量素质： 指肌肉在用力过程中克服或对抗阻力的能力。

速度素质： 指人体快速运动的能力，包括人体快速完成动作的能力和对外界信号刺激快速反应的能力，以及快速位移的能力。速度素质包括反应速度、动作速度和位移速度。

耐力素质： 指有机体坚持长时间运动的能力。按人体生理系统分类，分为肌肉耐力（力量耐力）和心血管耐力（有氧耐力和无氧耐力）。

柔韧素质： 指人体关节在不同方向的运动能力以及肌肉、韧带等软组织的伸展能力，可分为一般柔韧素质和专门柔韧素质。坐位体前屈是测定柔韧性素质的主要方法之一。

灵敏素质： 指人体在各种突然变化的条件下，快速、协调、敏捷、准确地完成动作的能力。它是人的运动技能、神经反应和各种身体素质的综合表现。

（2）运动技能。

该年龄段的学生要能够系统掌握体育项目的技术、技能、运动规则及运动损伤防护措施和方法，了解多种运动项目的健身价值；能够正确运用训练方法提升运动健康锻炼效果（体育运动常用训练方法如表 4-2 所示）；能够正确运用训练手段提升运动健康锻炼效果（体育锻炼手段、方法、内容如表 4-3 所示）。

表 4-2　体育运动常用训练方法

练习方法	方法
重复练习法	按照一定的要求和负荷标准，重复进行某项内容练习或同一个动作练习的方法。
间歇练习法	按规定要求进行一组练习后，严格控制间歇时间（机能未完全恢复），即进行下一次练习的方法。
变换练习法	变换练习的环境、条件、速度、时间、速率以及动作的组合等情况的练习方法。
循环练习法	各种练习的动作，具有不同效果的练习手段，组成一组练习项目，按一定顺序循环往复地进行锻炼的方法。

表 4-3　体育锻炼手段、方法、内容

训练手段	方法	练习内容
等张练习（向心练习）	肌肉进行收缩与放松交替的练习，增加肌肉力量、肌肉耐力、柔韧性等，提高协调能力。负荷大小、重复次数、练习速度、练习部位、动作结构均影响锻炼效果。	如举杠铃、哑铃、负重深蹲。
等长练习（静力练习）	肌肉在紧张用力练习过程中，肌肉长度并不发生改变的练习，等长负重练习多采用较大负荷，发展绝对力量效果较好。	如双杠直角静力支撑。
等动练习（等力练习）	练习过程中，关节在各个角度均受到相同的较大负荷，使肌肉在整个练习中能产生较大张力。	如利用器械所产生的阻力进行负重练习。
离心练习	肌肉收缩和放松交替，但用力时间正好和向心练习相反，即肌肉产生张力时被拉长。离心训练力量增长大于向心训练。	如举杠铃、哑铃、负重深蹲。

续表

训练手段	方法	练习内容
有氧运动	有氧运动是指人体在氧气充分供应的情况下进行的体育锻炼，其运动时间约20分钟或以上，运动强度中等或中上程度（最大心率值60%~80%），能够消耗脂肪。	每周3~5次，每次20~30分钟，如跑步、游泳、轮滑、骑车、全场篮球赛、有氧健身操等。
无氧运动	无氧运动是指肌肉在"缺氧"的状态下高速剧烈的运动。无氧运动大部分是负荷强度高、瞬间性强的运动，所以很难持续长时间，而且疲劳消除得也慢。	每周2~3次，百米冲刺或极速跑、快速游泳、负重肌肉训练等。

参考：王步标主编，《运动生理学》高等教育出版社，1990年9月。达·米克斯，菲利普·海勒著，《中小学国际健康教育课程·健康与幸福（三年级上）》浙江教育出版社，2017年9月。

除此之外，该年龄段学生还应学会制订体能计划。按照每天锻炼1小时的要求，针对学生自己的体能状况和学习生活日程表，制订周运动计划如表4-4所示。

表4-4 周运动计划

日期	运动项目或内容	运动时间	运动负荷	运动强度	运动方式
周一					
周二					
周三					
周四					
周五					
周六					
周日					

备注：体能练习可选择肌肉力量、肌肉耐力、柔韧性、心肺耐力等内容。
一周运动总结：

参考：人民教育出版社课程教材研究所编著《体育与健康（八年级全一册）》，人民教育出版社，2012年6月。

（3）情绪调节与体育道德。

学生应能积极地面对失败、挫折，并保持稳定的情绪。在复杂体育运动情境中，积极调节情绪、提高自信，促进心理健康；学会调控情绪的方法，将体育运动中保持积极稳定的情绪状态迁移到日常生活中。在体育运动中能够为了实现集体的目标努力克服困难，勇敢顽强、积极进取，并保持良好的道德规范。

5. 学段五运动与健康的主要内容

学段五（高中10–12年级）的学生要能够运用各种健康知识与方法塑造良好的体型，控制体重；自觉通过体育锻炼增强体质，增强抵抗力，更好地适应环境。

能结合自身身体、心理素质、环境等条件，有计划、有针对性、有步骤地制订和实施体能锻炼计划。根据体育锻炼的基本原则，结合个人特点和实际，如体能水平、性别、学习生活作息规律、兴趣爱好、个人运动技术水平和特长、生活条件、锻炼目的，以及依据高中阶段学生测试评价指标（身高标准体重、肺活量、体重指数、握力体重指数、台阶试验指数、女生800米跑、男生1000米跑、50米跑、立定跳远、女生仰卧起坐、坐位体前屈），制订体育锻炼计划。在体育锻炼过程中监控和评价运动次数、运动强度、运动时间和运动负荷，保证体育锻炼的针对性、实效性。

能掌握并运用安全运动、预防常见运动损伤和突发事故、消除运动疲劳的知识与方法，如心肺复苏、溺水救护等知识和技能；能预防和简单处理骨折、扭伤、肌肉拉伤、运动型晕厥、运动性哮喘、运动型腹痛等知识和方法。

在体育运动中，能遵守体育准则和道德规范，自尊自信、勇敢顽强、积极进取、超越自我；诚信自律，具有社会责任感，具有正确的胜负观。

第八节　安全应急与避险

依据《北京市中小学健康教育指导纲要（试行）》对学生安全应急与避险内容的释义，该内容从属于学校安全教育领域，同时具有狭义和广义的双重含义。在狭义层面，学界普遍将安全教育的研究对象聚焦于学生群体，在一定程度上将其等同于学校安全应急与避险的内容范畴，具体表现为学生群体在遭遇突发性事件、灾难性事故时所表现出来的应急、应变能力，能够在危险情境下，帮助学生避免自身生命财产受到侵害，进行自我保护的一种能力。在广义层面，安全应急与避险则是指人们在生命教育理念的引导下，不同群体在其生活和学习的环境中，采取多种多样的形式、方法和措施，对自身在衣食住行等行为层面进行身体、心理等各方面的教育和训练，从而具有良好的身体素质和安全意识，具备在一定条件下形成"力所能及"的自救、他救的技能以及安全防卫的能力。因此，基于以上关于安全应急与避险的理论研究和共识，学校范围内的安全应急与避险主要是保护中小学生免受外源环境伤害、维持自身健康的一种能力，且这种能力具有一定的"可培养、可塑造"的特征属性。

词汇释义

> 安全应急与避险是指培养学生在应对外在环境时，获得个人生存安全、发展安全和可持续安全所具备的知识、技能和行为表现，是培养应对突发安全事件积极响应者的重要途径。

一直以来，中小学生安全应急与避险领域的相关研究与实践都是世界各国普遍关注的教育热点。学生的健康及安全问题不仅关系到学生身心的健康成长，同时也关系到所在家庭的幸福、社会的稳定以及国家未来的发展。近年来，中小学生人身伤害事件频繁进入公众视野，也进一步引发了社会舆论的广泛关注。如何建立并实施有效的中小学生安全与应急避险课程及管理保障体系已经成为当代学校教育工作者亟须解决的问题。

以往不同国家和地区因其经济、文化和历史背景间的差异，使得学校安全应急与避险的具体内容和实施形式存在着一定的差别，并具有各自独特的属性特征。各学校可借鉴不同国家的有效经验，以2019年《北京市中小学健康教育指导纲要（试行）》为学校实施安全应急与避险相关课程及活动设计的重要依据，进一步完善学校在安全体系和管理制度方面的建设，加强学生、教师及家长群体对于安全防范重要性的理解和认识，有计划、有组织地开展多种形式的安全教育和培训活动，提升学生的自我安全意识。

一、国内外学校安全应急与避险的问题及现状

当前，世界各国学术界以及安全教育领域的研究及实践普遍遵循了"人本理论""马斯洛需要层次论"以及"生命教育"等相关理论，从学生健康成长的视角，广泛地关注了学校安全应急与避险相关课程研发及活动的具体实施，并将其作为学校开展和实施各项工作的重要基础，从学生、家长、教师、社会执法者及社区等多重维度，综合实施和开展相关的实践和转化研究。

1. 国外学校安全应急与避险的问题及现状

近年来，世界各国在学校安全应急与避险领域都存在着诸多问题。以美国为例，自"9·11"事件之后，美国逐步加强了对青少年暴力行为及其危害的关注。校园暴力、欺凌、火险、吸毒以及携带武器等诸多非安全因素普遍存在于美国校园之中，给中小学生的生命安全及健康带来了极大的威胁，这一现状所造成的严重危害比率正在逐年上升。在亚洲地区的学校中，一些校园突发事件也促使日本、韩国等国家开始重视学校安全应急与避险领域的个性化课程开发及实际演练。

虽然世界各国在安全应急与避险领域所采取的实施方式和方法具有一定

的差异性，但是不同国家和地区在应对学校安全应急与避险方面也呈现出一些显著的特征和共识。一方面，不同的国家通过国家立法与课程标准的相互结合，为安全应急与避险在不同学科中的渗透或主题教育的实施提供了重要的保障；另一方面，安全应急与避险也成为学校日常工作考核和学校健康教育的重要内容。安全应急与避险相关主题的选择往往与不同国家和区域学生的实际需求密切相关，并以特色化课程的形式加以呈现，具体表现如下：

（1）通过安全应急与避险的法律、政策，保障学校安全体系的建设和实施。

俄罗斯作为世界上第一个将学生安全应急与避险提升到国家课程层面的国家，率先通过国家政策和法律法规对学校的安全应急与避险进行保障，其经验非常值得借鉴。特别是《生命安全基础》教学纲领，分别从自然因素和人为因素两方面对安全问题进行了划分，指导学校安全应急与避险的相关教育工作的具体实施和开展，提升学生的日常安全防范意识，让学生在面对生活环境中一些危险和有害因素时，能够进行自救和解决问题。美国和英国分别依托于1994年颁布的《学校安全法》和1998年的《教育改革法》，从全社会、全社区的视角对中小学生的安全应急与避险予以更高的关注，为构建安全的校园和学习环境提供了保障。德国非常注重儿童青少年的交通安全应急与避险的教育工作，针对不同年龄层次的青少年制定了与他们年龄相匹配的交通安全法律。早在1957年法国就通过相关的法律政策，明确规定了学生安全应急与避险的主要内容和实施细节，根据不同年龄水平，设置了不同特征的安全应急与避险主题。日本由于其国家地理位置的特殊性，地震频发，更加关注自然灾害所带来的安全问题。日本早在1959年就发布了《日本学校安全法》和《学校事故互助保险》，为进一步落实安全应急与避险在学校中的有效实施奠定了基础。2006年，日本又颁布了《校园安全法》，依据学生在不同年级生理和心理的认知水平和发展层次，要求学校推行相应的安全应急与避险课程和开展相应的安全应急与避险活动。

（2）与学生的实际需求密切相关，并以特色化课程的形式加以呈现。

在学校安全应急与避险的课程体系设置上，各国也呈现出了较大的差异性。美国通过《国家健康教育课程标准》的具体要求，强调了不同年级学生应该具备的安全知识、技能和行为表现，同时也将学生的安全应急与避险课程同美国红十字会和消防协会进行合作，建立相应的安全应急与避险课程体系，涵盖了个人卫生、青少年急救护理、突发灾难情境演习以及水上安全四个不同的领域。英国通过1999年颁布的《国家健康学校标准》，将安全与校园健康作为评定学校优良的重要考核指标，通过安全应急与避险与不同学科的整合和渗透，开展相应的安全应急与避险课程。日本则结合地震高发的自然环境因素，通过"防灾日"等相应制度，将安全应急与避险纳入学校日常的安全教育环节，并通过营造学校安全应急与避险的氛围来影响学生的安全应急与避险意识。2003年，俄罗斯的《生命安全基础》课程成为学校课程体系中的必修课，是该国学生获得安全应急与避险知识的最重要的渠道之一。此外，韩国和澳大利亚等国，也采用了安全应急与避险在不同学科和主题课程与实践活动中的渗透模式来开展安全应急与避险教育。一项针对日本、韩国以及中国三个国家的中小学安全教育实践的比较研究发现，日本、韩国超过90%的学生非常明确地表示在中小学阶段已经开设了安全应急与避险的相关课程，其比率显著高于中国。

2. 国内学校安全应急与避险的问题及现状

依据《北京市中小学健康教育指导纲要（试行）》的具体内容，学校安全应急与避险应该成为一项重要的学校健康教育内容。近年来，我国关于中小学安全应急与避险方面的研究一直呈现逐渐递增的波动式发展态势，但相比于国外发达国家，目前我国针对中小学生的安全应急与避险领域的相关研究仍处于探索阶段。依据中国知网数据的查询，获取统计图（如图4-2所示），以"中小学安全应急与避险"为检索词搜索，共检索到400篇文献，至2008年开始呈现出逐年增长的趋势，2016年成为学生安全应急与避险受到关注的高峰年份。

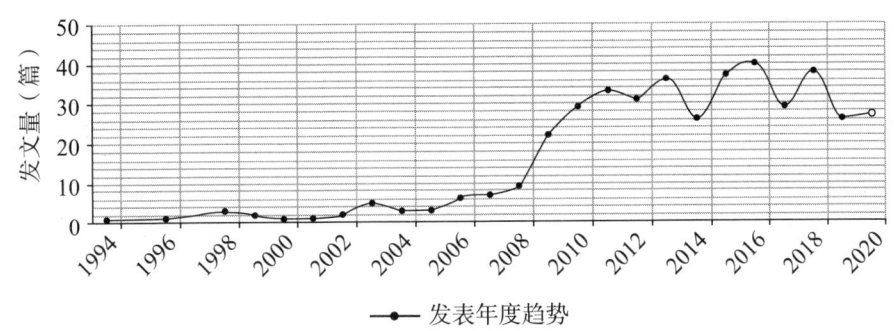

图 4-2 关于"中小学安全应急与避险"文献数量年限分布图

以往我国在中小学安全应急与避险领域的研究主要聚焦于两个层面：一是，单纯地从安全应急与避险的知识层面进行考量，片面强调安全应急与避险知识的作用，将安全应急与避险的实施局限于安全知识（社会安全类、公共卫生类、意外伤害类、网络信息安全类、自然灾害类等）的记忆，忽视实际应用技能的掌握和应用。二是，部分研究内容仅是关注某一年龄段或某一年级学生群体所应了解的安全应急与避险内容和产生的实效，较少以跨学段的形式展开学校安全应急与避险的研究，整体上缺乏"螺旋式上升"的课程体系设置。例如，幼儿阶段至低龄儿童阶段应更加注重交通安全、消防安全、生活安全等方面的安全应急与避险内容；小学阶段应关注学生对于自身生命安全、交通安全、消防安全、生活安全、传染病常识、急救技能训练；中学阶段学生应该初步具备识别毒品的知识和方法，了解自然灾害、社会安全事件的防范，以及如何开展自身的心理减压等方面的内容。

在安全应急与避险的具体实施中，也存在着诸多认识上的误区，一般学界普遍认为中小学安全应急与避险存在的问题主要表现在以下三个方面：一是，家长过分关注学生的学业成绩，轻视学生安全等方面的教育；二是，安全应急与避险在学校的具体实践中缺乏系统性和科学性指导，实施停留于表面形式，部分校长缺乏安全意识，管理上忽视学校安全环境的建设，忽视学校日常秩序的宣传和习惯培养，缺乏实际操作性；三是，教育者自身安全应急与避险素养普遍不高，缺少有关安全应急与避险的培训，难以胜任安全应急与避险的工作，特别是在大型的突发事件面前，往往不能采取积极的措施，对学生进行安全引导和事后的心理辅导等。认真地审视学校安全应急与避险在学校健康教育过程中的问题，将有利于我国基础教育阶段学校安全应急与避险管理的制度化、常规化，更好地预防校园安全事故，整体提升中小学学生的安全素养。

北京市中小学生健康素养现状调查发现中小学生安全应急与避险水平具有一定的区域差异性和学段差异性，并呈现一定的特殊属性特征，特别是与学生相关的重要影响因素，诸如个人和家庭（性别、年级、家庭抚养模式、安全意识、安全防护、安全意识自我评价等），以及社会环境（同伴影响、学校环境等），都对学生的安全应急与避险的实施效果具有一定的影响。

（1）安全教育内容具有学段和区域差异，医疗急救内容占比偏低。

研究数据表明，北京市中小学安全教育在不同学段具有显著性差异（$p<0.05$），并表现出一定的区域特点（如表4-5所示）。具体表现为：不同区域的小学普遍关注对学生日常用电、火灾逃生、交通行为等方面的安全教育，却忽视有关气象灾害、医疗急救的内容；相比于小学阶段，中学普遍减少了学生在食物中毒方面的安全教育内容比例，适度提升了地震灾害和医疗急救内容等方面的占比，但相比于其他方面的健康教育内容，占比仍然偏低。在不同区域的分布上，小学阶段相比市区和农村的学校，城镇学校更加注重对学生在气象灾害、地震灾害方面的安全教育（$p<0.05$）；中学阶段市区学校在医疗急救方面的教育情况明显好于城镇和农村学校（$p<0.05$），城镇和农村学校在食物中毒、交通安全、地震灾害三方面的教育明显好于市区学校（$p<0.05$）。

表4-5 北京市中小学生在校接受安全教育内容一览（%）

学期内接受安全教育内容	学段	城区	城镇	农村	X2检验	P
用电安全	小学	81.21	82.07	81.87	0.527	0.768
	中学	52.61	81.79	84.33	10.11	0.006**

续表

学期内接受安全教育内容	学段	城区	城镇	农村	X2检验	P
食物中毒	小学	73.51	74.31	76.58	4.142	0.126
	中学	64.43	68.33	74.50	31.24	0.000***
火灾逃生	小学	87.82	88.07	86.00	2.988	0.225
	中学	85.70	85.86	91.01	17.946	0.000***
交通安全	小学	84.60	84.74	83.27	2.299	0.317
	中学	82.51	83.37	86.10	6.308	0.043*
气象灾害	小学	56.61	59.13	51.76	13.492	0.001**
	中学	55.40	59.62	56.32	4.606	0.100
地震灾害	小学	76.64	79.98	72.36	18.957	0.000***
	中学	80.53	83.37	84.22	7.584	0.023*
医疗急救	小学	58.30	58.72	53.61	8.575	0.014**
	中学	71.31	66.40	67.40	9.354	0.009**
其他	小学	3.04	5.25	3.17	13.127	0.001**
	中学	4.32	5.77	3.66	5.089	0.079

注：P值表示自变量的显著性检验值，*$p<0.05$，代表具有统计学差异，**$p<0.01$代表具有显著性差异，***$p<0.001$代表具有极其显著性差异

（2）学生在安全知识到行为转化方面存在明显不足。

调查结果表明，以往学生虽然在校普遍接受了交通安全、火灾逃生、食品卫生等方面的教育，但在知识到行为的转化层面上仍存在着明显不足，缺乏健康行为的转化与实践。以"在新的环境中（如商场、电影院）是否会注意安全出口的位置或逃生路线"为例，调查结果显示，仅有38.80%的中学生表示能够"总是"和"经常"注意到其逃生的标识指示，另有50.70%的中学生表示"偶尔"能够注意到，还有10.40%的中学生表示"从未"注意到。在交通安全知识到行为的转化层面上，中小学学生群体中普遍存在着走

路戴耳机、看手机等不安全的日常行为（如表4-6所示）。

表4-6 不同学段男女生交通安全行为表现及其受家庭抚养模式影响分析（%）

行为表现	学段	男生					女生				
		双亲抚养	单亲抚养	隔代抚养	X2检验	P	双亲抚养	单亲抚养	隔代抚养	X2检验	P
走路戴耳机	小学	5.60	10.1	11.5	14.474	0.001**	7.72	6.85	8.84	0.521	0.771
	中学	24.79	28.86	28.21	1.602	0.449	32.13	46.58	38.64	13.274	0.001**
走路看手机	小学	0.96	8.85	5.41	10.934	0.004**	0.70	4.84	3.40	0.002	0.999
	中学	15.27	18.79	20.51	2.708	0.258	18.26	31.51	22.73	15.565	0.000***
闯红灯	小学	2.84	3.54	1.35	1.597	0.450	1.85	2.02	2.72	0.58	0.748
	中学	8.83	8.72	15.38	3.926	0.140	5.65	8.22	9.09	2.428	0.297
马路打闹	小学	2.22	2.65	0.08	3.599	0.165	0.94	0.40	4.08	14.119	0.001**
	中学	4.79	3.36	10.26	5.628	0.060	3.56	2.05	9.09	4.863	0.088

（3）部分家庭安全教育缺失，家庭抚养模式影响学生早期安全意识与行为。

家庭中成员行为及日常生活环境对于学生早期安全意识及行为的形成具有非常重要的影响。家长群体中"很少"和"从来没有"对孩子进行安全教育的比例分别高达19.40%和25.70%，值得引起家长群体的普遍关注。特别是不同的家庭抚养模式对于学生的安全教育具有一定的影响，相比于双亲抚养模式中的男生群体，长期单亲抚养模式（包含单亲家庭及长期同父母一方共同居住的家庭结构模式）中的男生更易发生走路戴耳机、看手机等危险行为（$P<0.05$），而这些都是造成交通事故伤害的潜在隐患。

二、学校安全应急与避险的内容

《中国公民健康素养——基本知识与技能》中"安全应急与避险"的相关内容共包括10个方面。

- 戴头盔、系安全带，不超速、不酒驾、不疲劳驾驶，减少道路交通伤害。
- 加强看护和教育，避免儿童接近危险水域，预防溺水。
- 冬季取暖注意通风，谨防煤气中毒。
- 会识别常见的危险标识，如高压、易燃、易爆、剧毒、放射性、生物安全等，远离危险物。
- 妥善存放和正确使用农药等有毒物品，谨防儿童接触。
- 寻求紧急医疗救助时拨打120，寻求健康咨询服务时拨打12320。
- 发生创伤出血量较多时，应当立即止血、包扎；对怀疑骨折的伤员不要轻易搬动。
- 抢救触电者时，要首先切断电源，不要直接接触触电者。
- 发生火灾时，用湿毛巾捂住口鼻、低姿逃生；拨打火警电话119。
- 发生地震时，选择正确避震方式，震后立即开展自救互救。

基于国内外学生安全与应急避险领域所存在的问题，以及以上的实证研究结果，同时结合《中国公民健康素养——基本知识与技能》中"安全应急与避险"10个方面的内容，《北京市中小学健康教育指导纲要（试行）》对于学校安全应急与避险的相关内容进行了重新界定，并合理地分配到小学低年级、小学中年级、小学高年级、初中年级、高中年级五个学段之中，并且五个学段的内容相互衔接，循序渐进，不断强化和促进学生安全知识与技能的掌握、安全观念的树立以及安全行为的养成，具体内容如表4-7所示。

表 4-7　学校安全应急与避险的具体内容

学段	内容
学段一 （小学 1-2 年级）	掌握交通安全、用火用电安全常识；认识常见的危险标识，远离危险物品与环境；遇到紧急情况会拨打求助电话；具备儿童防拐常识，初步形成自我保护意识和自救互救能力。
学段二 （小学 3-4 年级）	掌握火灾、地震发生时逃生和求助的技能；掌握常见意外伤害的预防与简单处理方法；了解防范校园欺凌与维护校园安全的基本常识；具有爱心募捐、救助和红十字志愿服务的意识。
学段三 （小学 5-6 年级）	掌握中暑、煤气中毒、动物咬伤等意外伤害的预防和处理方法，了解紧急救护和求助的相关知识，能够在危险时刻进行自救和求助；提高网络安全意识；参与爱心募捐救助和红十字志愿服务、传播国际人道法等。
学段四 （初中 7-9 年级）	识别性侵害的危险因素，保护自己不受性侵害；掌握食物中毒、溺水等突发事件的应急处理方法；掌握电信诈骗和网络安全的常识，预防网络成瘾；参与爱心博爱募捐、红十字志愿服务和友好合作交流活动。
学段五 （高中 10-12 年级）	了解网络交友的安全隐患，掌握网络避险措施；主动参加红十字会救助活动，并积极参加与开展传播国际人道法项目。

参考文献

[1] 尹秀丽. 浅谈智障儿童个人卫生习惯培养的重要性[J]. 中国校外教育，2018（3）.

[2] 王从贵. 如何加强技师学院学生个人卫生的监督管理[J]. 职业，2018（10）.

[3] 孟艳，翟军利，沙明璐，李洁. 北京市丰台区城市居民个人卫生习惯现况分析[J]. 中国健康教育，2016（8）.

[4] 刘明富. 浅谈小学生良好个人卫生习惯的培养[J]. 教育科研，2019（27）.

[5] 师春立. 四川省 7-18 周岁中小学生形态发育现状分析[J]. 中国公共卫生，2019（8）.

［6］江平安.中小学生青春期发育与体质指数（BMI）之间关系的调查研究［J］.中国卫生产业，2012（11）.

［7］金作山.小学生生长发育状况的调查［J］.医学信息，2011（7）.

［8］高自安，等.中小学生性心理健康不可小视［J］.张家界日报，2012（9）.

［9］魏永娟，孔屏."三位一体"的中小学生性健康教育体系［J］.少年儿童研究，2011（7）.

［10］Justin A. Lee. Exploring the Association of Asthma with Urinary Stone Disease: Results from the National Health and Nutrition Examination Survey 2007–2014［J］. *European Urology Focus*，2020（3）.

［11］甘倩.我国城市中小学生营养健康状况回顾［J］.中国食物与营养，2019（3）.

［12］周鹏程.浅谈中小学生如何均衡营养健康成长［J］.中国会议，2011（9）.

［13］司言，等.中小学生营养健康不容忽视　学生午餐问题亟待解决——对哈尔滨市部分中小学校学生午餐质量、卫生状况的调查［J］.质量天地，2002（8）.

［14］刘华山.心理健康概念与标准的再认识［J］.心理科学，2001（4）.

［15］刘香华.身体意象的研究进展［J］.校园心理，2010（12）.

［16］鲁媛，曹佃省.青少年身体意象干预［J］.中国校医，2014（6）.

［17］刘金花.儿童发展心理学［M］.上海：华东师范大学出版社，1997.

［18］陈香，张日昇.青少年的发展课题与自我同一性——自我同一性的形成及其影响因素［J］.张家口师专学报，2001（2）.

［19］李洪玉，尹红新.儿童元认知发展的研究综述［J］.心理与行为研究，2004（2）.

［20］马向真，王章莹.论情绪管理的概念界定［J］.东南大学学报：哲学社会科学版.2012（14）.

［21］刘国雄，张丽锦.关于情绪以及情绪发展的理论评述［J］.宁夏大学学报：人文社会科学版.2010（1）.

［22］曾守锤，李其维.儿童心理弹性发展的研究综述［J］.心理科学，2003（26）.

［23］王婷婷，吴庆麟.学习风格理论综述及其教育启示［J］.宁波大学学报：教育科学版，2006（28）.

［24］安会云，吕琳，尚晓静.学习风格研究综述［J］.现代中小学教育，2005（4）.

［25］刘惠军.当代学习动机的理论和应用研究进展［J］.首都师范大学学报：社会科学版，2002（5）.

［26］王有智.学习动机理论在中小学生学习中的应用［J］.陕西师范大学继续教育

学报（西安），2000（17）．

［27］赵小云，郭成．国外生涯适应力研究评述［J］．心理科学进展，2010（18）．

［28］朱凌云．生涯适应力：青少年生涯教育与辅导的新视角［J］．全球教育展望，2014（9）．

［29］张小红．职业生涯教育的理论基础及实践诉求［J］．河南职业技术师范学院学报：职业教育版，2008（5）．

［30］中华人民共和国教育部．义务教育体育与健康课程标准（2011年版）［M］．北京：北京师范大学出版社，2015．

［31］中华人民共和国教育部．普通高中体育与健康课程标准（2017年版）［M］．北京：人民教育出版社，2018．

［32］琳达·米克斯，菲利普·海勒．健康与幸福（三年级上）［M］．俞国良，雷雳，中文版总主持．杭州：浙江教育出版社，2017．

［33］王步标．运动生理学［M］．北京：高等教育出版社，1990．

［34］宋兰良．体育保健学［M］．北京：高等教育出版社，1989．

［35］人民教育出版社课程教材研究所．体育与健康（教师用书，1-2年级）［M］．北京：人民教育出版社，2014．

［36］人民教育出版社课程教材研究所．体育与健康（教师用书，3-4级）［M］．北京：人民教育出版社，2014．

［37］人民教育出版社课程教材研究所．体育与健康（教师用书，5-6年级）［M］．北京：人民教育出版社，2014．

［38］人民教育出版社课程教材研究所．体育与健康（七年级全一册）［M］．北京：人民教育出版社，2012．

［39］人民教育出版社课程教材研究所，体育与健康（八年级全一册）［M］．北京：人民教育出版社，2012．

［40］人民教育出版社课程教材研究所．体育基础知识（体育与健康学生自读课本）［M］．北京：人民教育出版社，2005．

［41］王卫星．体能训练［D］．北京：高等教育出版社，2012．

［42］黄晓丽．当代中国学校体育健康教育思潮研究［D］．长沙：湖南师范大学，2015．

［43］郝篆香，蔡敏．美国中小学安全教育的实施及其启示［J］．外国教育研究，2011（38）．

［44］汤继承．当前大学生安全教育的问题成因及对策研究［D］．武汉：华中师范大学，2006．

［45］张玉堂.学校安全工作的三个基本概念［J］.教育科学论坛，2008（1）.

［46］王丽芳.海口市中小学安全教育调查研究［D］.海口：海南师范大学，2014.

［47］赵伟.俄罗斯中小学生安全教育述评［J］.外国教育研究，2011（8）.

［48］钱丽霞，郭琳，徐新容.国外中小学安全教育比较研究及启示［J］.基础教育参考，2009（7）.

［49］赵淑君.中小学安全教育现状及对策研究：以河南省新乡市为例［D］.新乡：河南师范大学，2014.

［50］刘亚轩.国外小学安全教育及其启示［J］.教学与管理，2010（26）.

［51］向铭铭.顾林生.日本学校安全教育与管理［M］.上海：同济大学出版社，2014.

［52］田茂，宋春来.美国中小学安全教育的特点及启示［J］.现代中小学教育，2013（12）.

［53］余中根.中小学安全教育：美国巴尔的摩市的经验及其启示［J］.基础教育参考，2010（9）.

［54］王令军.中俄日韩学校安全教育内容比较研究［J］.考试周报，2009（38）.

［55］白莉.儿童安全教育的内容与路径［J］.教育探索，2011（4）.

［56］罗京滨.对小学生进行安全教育的思考［J］.教育探索，2012（11）.

［57］求苗仁.中小学安全教育存在的问题与对策［J］.教书育人，2015（7）.

［58］刘宇.吉林省中小学校安全教育现状及原因分析［J］.现代教育科学，2015（10）.

［59］余璐姣.中小学安全教育存在的问题及对策研究［D］.岳阳：湖南理工学院，2018.

［60］王瑾.小学分学段安全教育现状的个案研究［D］.秦皇岛：河北科技师范学院，2018.

［61］肖忠华.日本中小学安全教育的经验与启示［D］.长沙：湖南师范大学，2016.

［62］徐扬.关注学生安全问题新变化构建学校安全教育新体系——基于北京市9599名中小学生安全教育现状的调查分析［J］.中小学管理，2019（5）.

第五章

中小学健康教育的模式和方法

在借鉴世界范围内健康教育实施模式经验的基础上，对健康教育的模式和方法进行了概念的界定，并分析了学校健康教育的模式、类别及属性特征。结合北京市中小学健康教育研究中心研究团队深入多所健康教育实验学校的考察及实践结果，依据《北京市中小学健康教育指导纲要（试行）》，提出了适用于目前国内学校健康教育本土化课程的三种模式及实施建议。

第一节　中小学健康教育模式的相关理论及概念界定

早在 1997 年，世界卫生组织就重新定义了健康的含义：健康不再是指个体没有疾病或不虚弱的状况，而是强调了个体身心健康和社会幸福的完满状态。从这个定义上来讲，健康不仅是人类生存的重要保证，同时也是人生幸福的基石和社会与民主发展的根本。依据《"健康中国 2030"规划纲要》《"健康北京 2030"规划纲要》《北京市中小学健康教育指导纲要（试行）》等文件对中小学阶段儿童青少年健康教育的具体实施要求，应将健康教育纳入国民教育体系，作为所有教育阶段素质教育的重要内容。

一、中小学健康教育的相关理论

健康教育作为一个多学科交融、与学生日常健康行为和健康状况密切相关的学科体系，其自身的发展往往受到其他学科、社会、环境等多方面复杂因素的影响。因此，深入地理解、挖掘与学校健康教育关联的和作为支撑的健康科学的理论内涵，能够进一步明确未来学校健康教育实施和发展的具体目标，改进具体的实施方案，并且能够促进学校健康教育理论与实践的有机结合，形成一定的学校健康教育的教学范式，加以推广。当前普遍认同的学校健康教育与健康促进的理论体系也跨越了多个学科领域和范畴，以与基础教育阶段健康教育实践相关的三大理论和教育实践为例，学校可以进一步依据健康教育生活技能理论、健康教育创新扩散理论以及健康教育组织改变理论，进一步完善和调整学校原有的健康教育实施策略。

1. 健康教育生活技能理论

健康教育生活技能理论是指学校在学生培养和教育的过程中，能够注重学生个体在日常生活、社会环境中所具有的心理社会能力，突出表现为学生"如何对待自己，如何与他人相处以及如何有效决策"这三个层面（如图5-1所示）。同时，这一理论中所强调的能力要求与WHO《学校生活技能教育》中对学生的10项重要生活能力的要求具有一致性，涵盖了自我认知、同理心、有效交流、人际关系、情绪调节、缓解压力、创造性思维、批判性思维、决策及解决问题等方面的能力，并进一步强调了学生在现实情境中，是否能够解决一些具体问题，正确认知自我和了解自己应该如何与他人进行交流，做出有效决策和寻找解决路径的能力目标。因此，该理论被广泛应用于预防儿童青少年吸烟、物质滥用以及艾滋病教育等相关领域的健康教育活动，并产生了一定的成效。

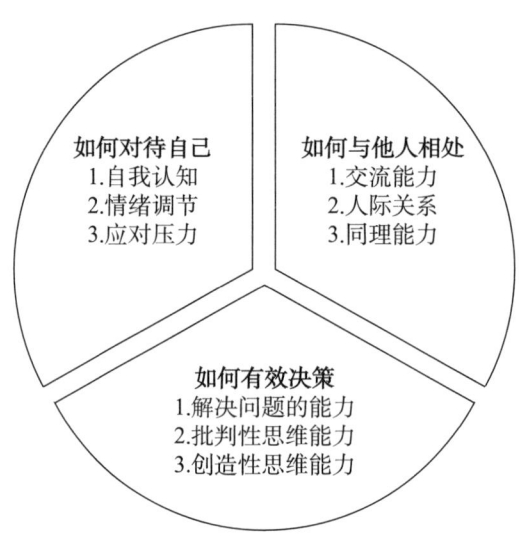

图5-1 学生生活技能与核心能力关系示意图

在学校健康教育模式的具体实践中，已有学校将学生健康能力培养的目标与日常学科课程的教学目标进行有机的结合。聚焦学生在日常生活和学习情境中急需解决的问题，例如，学校可以将"艾滋病"主题宣传活动的内容与学生自我认知、问题决策能力等方面的教学目标进行关联，并通过角色互动、小组讨论等形式来组织和实施主题健康教育的教学活动。

2. 健康教育创新扩散理论

创新扩散理论是由美国新墨西哥大学埃弗雷特·M·罗杰斯（Everett M.Rogers）等人于 1960 年提出的。其理论的主要观点是：人们对于一种新事物或新思想的意识和认同，往往需要一定的传播途径，并通过特定的不同人群进行扩散，最终在一定范围内，该观点能够被该特定人群或社区成员所共同了解和采纳。该理论体系将健康教育的整体传播和扩散途径分为了五个阶段，分别为认知阶段、说服阶段、决策阶段、实施阶段和确认阶段。同时，依据人们对新事物的认知和接受的时间规律，又将不同的人群划分为五种不同的类别，分别为观念保守人群、创新性易于接受人群、早期尝试人群、后期采用人群、观望和怀疑人群。在具体实施过程中，学校可对不同的特定人群及实施阶段采取不同的实施策略和方案，使其更加具有针对性和特色性。

以北京某中学开展的学生"体重减轻达人"活动为例，学校首先通过班级通知和海报宣传的方式，向不同年级的学生发出活动号召。最初，只有部分同学出于好奇，开始主动参与。随着活动不断地实施和进展，教师通过设置定期排名等相关的鼓励活动，激发团队中成员的积极性，并将改善的成果定期向不同的目标人群进行进一步的健康宣传。经过一段时间的实践，早期项目中部分同学的行为和身体体态的变化，能够对周边未参与该行动的学生群体产生一定的刺激效应，从而带动更多的同学加入该项活动，使得更多的学生能够改变日常不健康的饮食和不运动的行为，从而在学校范围内形成健康生活的氛围。

3. 健康教育组织改变理论

健康教育组织改变理论是指学校通过特定人群所在的组织体系、规章制度以及管理模式等方面的改进和完善，从而对组织内部人群开展的一种干预措施。近年来，该理论的应用范畴也从特定的组织体系进一步延伸到了与组织体系相关人群的行为干预。该理论认为，组织中成员的行为改变进程往往遵循了"认知阶段—初期行动阶段—执行阶段—确定阶段"四个递进式的发展历程，从而实现了新政策在组织体系中的落实。

以学校设立"健康教育领导小组"为例，可以由学校的校长或副校长负责学校健康教育课程的整体设计和统筹，通过一定工作统筹和任务明确的方式，调动校医、心理教师、食堂人员的集体参与，从而提升学校师生群体健康意识的水平。也有部分学校，通过学生自行组建的社团组织来增强学生在健康教育活动中的参与积极性，北京部分学校已经建立了由学生成立的急救、艾滋病宣传等社团，并产生了很好的实践和宣传效应。

二、中小学健康教育模式的概念界定

在新冠疫情的背景下，中小学健康教育模式的概念可以界定为：在中小学健康教育的具体实施过程中，为提升学生的健康素养，各学校组建专业的咨询和研究团队，依托与健康教育相关的课程或活动形式为有效载体，通过一定的教育教学方式和方法，动态采纳学校健康教育工作策略并加以实施，给学生持续营造一个快乐、安全、健康的学习和生活环境，并以此促进学校健康教育系统的顺利运行。

📝 词汇释义

> **中小学健康教育模式**是指通过一定的教育教学方式和方法，动态采纳学校健康教育工作策略，并加以实施。

依据《北京市中小学健康教育指导纲要（试行）》中对健康教育目标的解析："健康教育的目标是以促进学生的健康成长为核心，以发展学生的健康素养为宗旨，通过有目的、有计划地开展学校健康教育，帮助学生提高健康意识，掌握必要的健康知识与健康技能，养成健康的生活方式与行为，减少或消除影响健康的危险因素；引导学生主动宣传健康知识，增强维护健康的社会责任感。"因此，中小学健康教育模式实施的现实意义在于：首先，该模式能够为学校健康教育课程的设计提供整体实施的方向和指导意见；其次，该模式也能够为学校管理人员推进学校健康教育工作、落实健康教育的行为转化提供具体的方法；最终，通过学校健康教育和家校合作的共同努力，促进学生健康素养的提升，让学生实践日常健康行为。

为进一步发挥中小学健康教育工作所具有的真正价值，学校应结合本校的实际情况，分析学校的文化背景、课程体系等方面的综合性因素，分析学校现有的优势和劣势，采纳适合本校特点的中小学健康教育实施模式。在选择模式时要考虑以下因素：

首先，要基于学校原有的文化背景，同时也要考虑到学校前期课程的设置是否在后期的落实过程中具有一定可执行性，综合评价不同学生群体在心理和生理方面的差异，最终确定学校的健康教育模式。健康教育的模式不能停留于表面形式，要有实质性的内涵，注重细节与整体之间的关系，每一个目标应该匹配一种具体模式下的实践策略，全面考虑学生在健康教育过程中的实际获得。注重科学与实效间的平衡，根据学生身心发展的规律和特点及学生不同成长阶段的实际需求，开展科学而具有实效的健康教育。

其次，既要关注全体学生，又要关注个体之间的差异。即一方面，要关注大部分学生的普遍现状，解决学生群体中具有共性的问题，综合考虑一般学生所处的健康素养水平，分析学生普遍存在的实际需求；另一方面，也要考虑到学生群体中个别学生的发展差异，对于特殊情况采取"量体裁衣"的实施策略。因此，学校在健康教育模式整体设计的一开始就要让健康教育工作面向全体学生，全面提高学生的健康素养；同时也要关注学生的个体差异，根据学生年龄、心理、性别等特点和不同的发展需要，开展有针对性的教学与实践。

此外，中小学健康教育模式的落实既要体现知识传授与技能培养相结合的原则，也要关注学生在知识学习过程中健康生活技能的培养。一是，中小学健康教育模式的设计要注重健康知识与健康技能的统一，做到健康知识的掌握、健康技能的提高以及健康意识的形成、健康行为和生活方式的养成四个部分形成一个有效整体。二是，中小学健康教育模式的实施要落实个体健康责任与社会责任意识的相结合，注重健康教育作用和影响的外延，要让学生能够运用所学的知识和技能,帮助个人和群体掌握卫生保健知识,树立健康观念,合理利用资源,并采纳有利于健康的行为和生活方式。三是,健康教育技能的实践并不局限于学校的小环境,同样也涵盖了校园以外的地区和范围,应以学校作为健康教育的出发点,推动社会范围内健康技能的实践。

学校要按照健康教育模式实施的基本原则,确立学校内部的健康教育领域,进行整体规划,并依据学校已有的文化背景和物质基础,采取有效的中小学健康教育模式,综合考虑了以上影响学校健康教育的诸多因素,才能从更为广泛的领域、最大限度地为学生营造一种良好的健康教育氛围,让健康教育从校园进一步延伸到社区和全社会,最终促成全体公民健康素养的提升。

第二节　国内外中小学健康教育模式的现状与问题

目前,国际上普遍将中小学健康教育模式分为单一实施模式、渗透模式和混合模式三个类别。第一种模式主要是指学校以独立的健康教育课程形态来开展健康教育课程,以美国、芬兰等欧洲国家的学校为代表,表现为学校健康教育具有完整的课程体系,并依据国家的健康教育课程标准,在各个不同的地区进行完善和细化,形成具有区域特色的健康教育课程标准。第二种渗透模式,主要以亚洲区域的国家为主,诸如中国、日本和韩国等,不开设独立的健康教育课程,而是将健康教育的内容渗透到多个学科(例如生物、化学、地理、体育、小学科学等)中。第三种混合模式,主要以亚洲区域的国家为主,诸如中国、日本和韩国等,不开设独立的健康教育课程,以混合模式进行健康教育,并通过课程间的相互渗透、不同的主题活动,将健康教育的内容融合在不同的学科之间,鼓励不同学科教师间的跨学科合作。此外，英国的中小学健康教育，采用了不同学段分阶段的学校健康教育课程模式。

在众多的模式之中，中小学健康教育及其课程模式的探索和改革以美国、芬兰、日本及中国台湾地区最具有代表性，因此将在本章中作重点介绍。

知识卡片：1920—2019年健康促进学校计划大事记

1920年，学校健康服务开始在学校逐渐推进，其目标在于促进学生的健康。

1950年，世界卫生组织（WHO）正式成立，开始推动和发展学校健康教育。

1980年，综合性学校卫生计划开始实施，强调了学校是健康促进中心的概念。

1986年，渥太华健康促进章程公布。

1992年，欧洲健康促进学校联盟成立。

1994年，澳洲健康促进学校学会成立。

1995年，WHO推进《全球学校卫生创新计划》，我国正式引入健康促进学校的理念，并开始在北京和上海进行健康促进学校的建设试点。

1996年，WHO西太平洋区组织正式颁布《地区健康促进学校发展纲领：行动框架》。

1998年，WHO修正颁布《世界卫生组织的创新举措：协助学校成为健康促进学校》指南，提出健康促进学校计划准则。

2000年，香港开始推动《健康学校奖励计划》。

2001年，北京市依据《北京市"十三五"时期健康北京发展建设规划》，提出"健康促进学校"比例达到87%以上的目标。

2008年，我国颁布《中小学健康教育指导纲要》，明确要求中小学生要掌握一定的健康知识和技能。

2014年，我国开始健康促进学校县区试点，全面建设健康促进学校。

2018年，我国中小学通过不同途径建设的健康教育促进学校有近1.5万所。

2019年，北京市颁布《北京市中小学健康教育指导纲要（试行）》。

一、国外健康教育模式的现状及问题

1. 美国健康教育的发展及研究现状

美国作为学校健康教育理念前沿和先进国家的代表，对中小学健康教育模式的研究也较详尽和深入，其学校健康教育改革与其国家社会和经济的发展具有一致性。美国中小学健康教育模式依次经历了体育卫生模式、健康教育模式和健康促进模式三种不同的阶段和形态。

在第一阶段，随着学校健康教育在基础教育阶段中地位的逐渐上升，社会群体普遍开始认识到学校组织和社会环境对于学生的健康行为具有重要的影响，因而促使学校健康教育开始作为一门重要而独立的学科从公共卫生中脱离出来。

随着近代美国学校健康教育目标的改变，第二阶段的特点也开始逐渐显现，并逐步跨入程序化的学校健康教育实施模式阶段，其中具有里程碑意义的事件是美国健康标准联合委员会发布了《国家健康教育标准》（1955年），这一事件标志着美国学校健康教育新模式的确立。该标准对当前美国健康教育的课程主题、内容、师资以及评价标准提出了新的要求。

第三阶段，学校健康教育开始从过去自主式的健康教育模式逐渐向健康促进模式转变。2007年，美国提出了《追求卓越：国家健康教育标准》，标志着美国开始从国家课程的高度，全面推行学校健康教育的促进模式，旨在培养未来具有较高健康素养的新型学习者。至此，美国在新版健康教育课程标准的引领下，逐步展开在中小学健康教育模式领域的深入探索和研究，并更加注重学生行为和生活方式的养成，以及知识在行为方面的转化过程（如图5-2所示）。

同时，美国在这一阶段的中小学健康教育模式的实践中也遵循了"健康促进成果"模型理论。该理论认为在学校健康教育的各个实施环节中，学校只有建立了基于健康教育课程实践的模型，完善各个重要环节之间逐层推进的机制，以健康教育课程的实践作为各项工作开展的基础，实现不同阶段的承接性和递进式发展，才能最终形成具有社会成效的健康教育体系，以学校的健康教育带动社会范围内健康教育的进程。因此，美国新时期中小学健康教育模式的研究也不再是单纯地从健康教育的知识、技能的角度出发，而是放眼于影响学生健康因素的多维视角，更多聚焦于学校健康教育系列课程的实施细节。美国在健康教育课程推进过程中所采纳的课程实施模式非常值得借鉴：

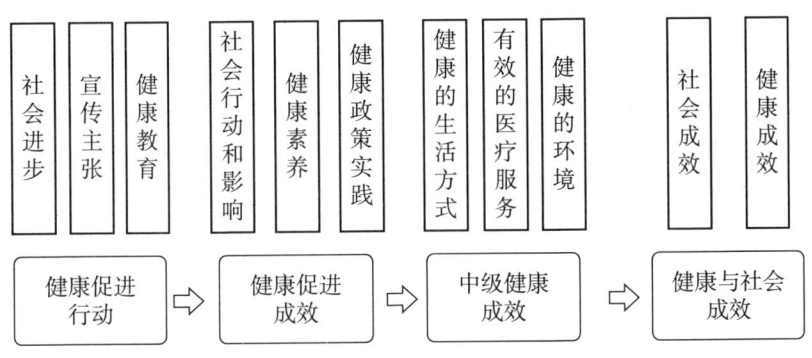

图 5-2　健康促进的成果模型

（1）"协作式学校健康教育"模式的启示。

"协作式学校健康教育"项目（Coordinated School Health Approach，CSH）的实施对于美国建立有社会成效的健康教育模式具有重要的意义。该模式是1987年由美国督导与课程开发协会（Association for Supervision and Curriculum Development，ASCD）和美国疾控中心（Centers for Disease Control，CDC）汇集了美国国内教育及公共卫生等多个学术领域的专家力量，针对已有的综合性学校健康计划研究模式进行了再次开发和修订。该模式的目标旨在通过教育者、社会及行政决策人员的共同努力来保证模式的有效推进，将学生培养成为知识渊博、情感丰富、身体健康、通识礼仪，同时兼具艺术修养和生存能力的个体，为学生未来更好地适应社会而进行前期的准备。该健康教育的模式同时强调：在构建学校健康教育生态系统的过程中，应从实施模式的各个基础组成部分分别着手，实现多组件协同运作的机制。该模式共涵盖了八个重要部分，即学校健康服务、学校体育教育、学校健康教育课程、学校健康环境、学校和社区健康的共促效应、学校饮食服务、学校咨询服务、校内教职员工的健康促进。该模式的实施，不仅仅考虑了原有学校传统课程中的课程模式和体系，同时也将与学生健康相关的因素引入该模式，通过内在环境与外在环境间的反馈和干预作用，综合促进学生健康素养的提升，最终实现校内外健康教育生态系统的构建与运转。

（2）"全学校、全社区和全儿童"模式的启示。

在"协作式学校健康教育"项目实施研究的基础上，美国进一步提出了"全学校、全社区和全儿童"（Whole School Whole Community Whole Child，WSCC）的健康教育模式。该模式是在美国以往中小学健康教育模式研究的基础上，将"协作式学校健康教育"项目和后期提出的"儿童与学校健康协同"项目的研究成果进行了有机整合，形成了一套系统化、综合化和协同化的学校健康教育实施模式。该模式运行的核心目标是从学校健康教育模式整体的实施和规划视角，为中小学健康教育模式的具体决策和行动方案提供体系化的工作框架，并指导学校健康教育工作的具体实施，最终提升学生的健康素养。

其工作框架可以进行如下的解析：首先，WSCC学校健康教育模式的设计理念是以学生为中心，聚焦学生个人健康素养的培养，同时强调学生个体与外界健康教育因素之间相互协调的关系。其次，从WSCC模式的实施策略上来讲，该模式补充了学校日常生活环境对学生健康意识和行为习惯养成的作用，更加强调学校环境和外延社区环境中各个重要组成部分的特色型功能，将健康教育的环境建设与学校主题式的健康教育和日常教育进行有机的整合。因此，综观WSCC学校健康教育模式的整体设计，更像是一部运转的大型"机器"，通过学校的合理布局和整合调动，促使不同"组配零件"

在这个过程发挥作用。同时，该模式明确了学校在健康教育模式顺利运行过程中所承担的重要角色：一方面，学校负责协调和管理各个"零件"之间的相互配合；另一方面，学校负责学生所获取外界资源的输入和调节，最大限度地满足学生对于健康资源和环境的需求。

2. 芬兰中小学健康教育模式的发展现状及研究

2016 年，芬兰开始全面推行突出能力发展的《国家基础教育核心课程标准》，其产生的社会效应再一次引起了世界教育学界的广泛关注。芬兰基础教育阶段的课程设置非常注重在学生健康素养发展的不同阶段，采纳具有一定差异化的学校健康教育模式。从芬兰新一轮的教育改革和当前的教育形态中，我们不难发现芬兰的学校健康教育分别从思考与学会学习能力、文化识读能力、沟通与表达能力、自我照顾与日常生活管理能力、多元识读能力、信息与交流技术使用能力、工作生活能力与创业能力，参与、投入和建设可持续未来的能力等这七种核心素养的要求，来培养未来健康的、具有创新意识的学习者。同时，新一轮的课程改革也充分地体现了核心素养在健康教育实施模式中的落实，注重课程设置中的"融会贯通与螺旋递进"。

在芬兰的学前教育阶段和小学阶段，并没有设置独立的健康教育课程，主要是通过家庭、保育机构、公立组织以及学前教育和小学阶段的科学课程进行健康教育内容的渗透和健康素养的培养。特别是其课程内容的设计体现了学生生活的方方面面，在小学阶段，其课程结构由原有的 5-6 年级部分学科的整合变为多学科间的统整，彻底地打破了原有学科间的界限，统整为《环境研究》一门综合学科，将学校健康教育作为环境研究中的一个重要组成部分，对于不同年级的学生提出了健康教育的具体内容和评价要求。与小学阶段不同，芬兰初中阶段的健康教育课程作为独立的一门学科开展教学。在实际的教学过程，学校往往通过以下两种方式进行：一种是教师将健康教育学科内部不同知识模块重新整合；另一种是教师基于同一个健康教育的主题或时下学生普遍关注的社会热点，开展不同学科教师间的相互协作，进行同一个健康教育主题课程的共同设计和规划。以小学科学领域为例，芬兰《环境研究》课程标准提供了大量核心概念下的主题内容。例如，在小学的 1-2 年级，健康教育内容包括：学生参与并改进周边的环境，参与学校、社区和社会的活动，认识到自身行为对他人和社会的影响和作用；在小学的 5-6 年级，学校健康教育的内容关注了个体及群体的健康促进，了解自身行为对社会和自然界的影响，对周围的生活群体和环境负责，能够参与到社区和全球化的合作活动中。此外，学校健康教育的课程实施虽呈现出不同年级间的差异和特点，但均以学生健康素养的培养与提升作为学校健康教育实施的重要目标。

3. 日本等亚洲国家中小学健康教育模式的发展现状及研究

一直以来，日本非常重视对学生健康素养的培养。日本中小学健康教育模式的发展历程整体上可以分为几个不同的阶段，并呈现出各自的发展特性。

第一个发展阶段主要沿袭了欧洲传统的体育教育模式，非常重视儿童体质与体能方面的锻炼；在学生健康理念的培养上，也仅仅是关注了学生生理和竞技体育领域的相关内容，注重早期儿童健康管理和学校卫生对学生生理、身体健康等方面实施效果的影响。

第二个发展阶段，即二战后期直至战后经济复苏阶段，这一时期日本的中小学健康教育模式开始发生转变，逐渐形成了新型的学校健康教育运行和发展模式。其突出的特点为受到美国自然主义健康教育思想的影响，持续聚焦于学校的健康教育领域，并开展积极的研究、保健和教育工作，使得学校健康教育课程体系的建设不断地得到完善和系统化。自 1949 年开始，日本健康教育课程正式确立，日本政府在这一年为初中和高中学生"量身定制"了《中等学校保健计划实施纲要》（草案），标志着日本开始将健康教育正式纳入国家课程体系，并且通过课程纲要来进一步明确健康教育的必要性、健康教育的目标、健康教育方法、健康教育心得以及健康教育等方面的内容。在这一版纲要的草案中，非常详细地划分了 13 项学生健康教育的主要内容，包括：健康的重要性，生命个体，特殊感觉器官和卫生保健，骨骼和卫生保健，肌肉和卫生保健，呼吸、循环、内分泌和卫生保健，神经系统和精神卫生保健，食物和健康，仪容和健康保健，进入成熟期，急救处置和安全，健康和社会，健康和职业。

20世纪80年代后期，随着日本经济的崛起，产业结构所带来的巨大变化促使日本转型为以"知识集约型产业"为主的经济发展模式，日本学校健康教育的发展也逐步进入到第三个发展阶段。这一阶段经济和社会所发生的巨变对中小学健康教育模式的发展提出了新的要求，学校健康教育模式呈现出与早期非常不同的特征：一方面，学校健康教育开始同体育教育融合，其内容不仅涵盖了诸多体育教育层面的理论，而且还提出了运动对于学生身心发展的相关学习方法、项目选择、练习方法以及效果评价的具体要求；另一方面，在体育健康教育课程的内容中还融入了运动卫生、体育疾病及外伤、运动与自然、运动与营养等健康教育相关的内容，使得健康教育在学校教育中"无处不在"，体育学科开始具有承载学校健康教育的功能。在此基础上，2000年后，日本通过一系列的国家法律和政策来支持学校的健康教育工作，先后颁布了《21世纪国民健康运动》和《健康促进法》，进一步从法律法规层面强化了国民在国家健康教育中的责任与义务，要求公民必须努力保持自己的健康状态，并最终使健康成为每一个人生活中的自觉行为。这些相关法律和法规不仅关注到了个人的健康生活方式，同时也对学校健康教育课程改革发挥了巨大的支持作用。2010年，日本围绕《21世纪国民健康运动》，确定了国民长期健康发展目标，同时提出健康关注的9个领域，包括：营养与饮食生活、身体活动与运动、休养与身心健康、烟酒、牙齿保健、糖尿病、呼吸性疾病、癌症等。但是纵观日本学校健康教育的发展历程，始终没有形成独立的学科发展态势，即没有明确健康教育课程的核心地位，没有提出健康教育学科的核心概念、研究对象、理论知识，其研究方法也是相对模糊的，但是从日本所处的地理位置和自身需求来看，其健康教育模式及内容的选择具有明确的针对性，在关注学生身体素质提升等方面的措施还是非常值得借鉴的。

4. 英国、加拿大的中小学健康教育模式的发展现状及研究

英国基础教育阶段的健康教育模式既不同于美国，以一门独立的课程形态存在；也不同于日本，以体育课程为主要载体进行学科外延，而是采用渗透式的模式开展学校健康教育。英国基础教育阶段的课程分为国家法定课程和学校自主开设课程。国家法定课程包括国家课程（面向 5-16 岁儿童）、宗教教育课程（面向 5-18 岁儿童）和性教育课程（11-18 岁儿童），由国家统一提供核心知识的大纲，教师可以围绕大纲和所涉及的相关内容进行自主设置，以此促进学生的知识理解和技能发展。其国家课程体系又进一步分为核心学科和基础学科，其中核心学科是指公民接受教育所需的基本知识，包括英语、数学和科学，每个学段的学生都必须学习。基础学科则包括了艺术与设计、计算机、地理、历史、第二外语、设计与工艺、音乐、体育等学科。在学科的划分上，基础学科不属于必修课，学生可以根据学段差异、自身发展需求以及所具有的生理和心理的特征来进行选择性的学习。

一直以来，英国学校健康教育都在持续地实施着动态而有规律的课程体系和内容的改革，以此来应对学生们不断变化的健康教育需求，实现课程与学生需求的相互匹配。在健康教育课程的实施过程中，英国主要有两门课程涉及学校健康教育领域，分别是"个人、社会和健康教育"与"性教育"。其中，前者为非核心学科，而性教育课程是在 11-18 岁（即英国教育的第三学习阶段和第四学习阶段）以国家课程形式介入学生的健康教育学习。饮食健康等内容则是以"融入"的教学形式体现在科学课程的讲授和实践之中。由此可见英国的健康教育模式相对复杂，既有学科的系统化设计，也有渗透式的课程融入，属于混合式的中小学健康教育模式类别。

除上述这些国家之外，也有一些国家通过课程改革的形式促进和推动本国的学校健康教育模式以及健康教育课程的实施与发展。2015 年 8 月，加拿大开始新一轮的课程改革，并发布了《不列颠哥伦比亚省的课程改革介绍》（*Introduction to British Columbias' Redesigned Curriculum*）。此后，加拿大基于前期课程改革的反馈，于 2017 年 6 月发布了《不列颠哥伦比亚省 10-12 年级的课程改革介绍》（*Introduction to British Columbias' Redesigned Curriculum*：

10-12）。新一轮课程改革将 K-12 年级的课程内容划分为九大领域，涵盖了应用设计、应用技能与应用科技课程，艺术教育，职业教育，核心法语，英语语言艺术，数学，身体健康教育，科学，社会学习。具体课程的实施则通过概念与原理的认识，同时结合实际情境进行实践，最终形成个体对知识的建构，思维能力的习得。学校健康教育作为九大课程领域中的重要组成部分，贯穿于 K-12 年级的所有学习经历之中，并以此促进学生身体、社交、心理三个方面的发展，保障学生的健康成长。

此外，加拿大的中小学健康教育模式还强调了人所具有的自然和社会的双重属性特征，关注学生所具有的良好健康状态，指出一个健康的学生不仅是指保持个体的身心健康发展，而且还应该积极与他人建立良好的关系，促使学生个体成为社区中不可分割的一部分。在课程改革的具体实施层面，加拿大健康教育课程内容的选择则更多地依据学生的学段和年龄变化，具体表现为 K-10 年级的学生统一学习国家规定的健康教育课程，并全面地培养学生接触各项运动器材、获得各种运动技能，同时注重培养学生在学习和生活过程中所应具备的综合心理素质与团队合作能力。随着学生身体和心理特征的改变，学校为 11-12 年级的学生分别开设了生活课程、健身课程以及户外教育课程。由此可见，加拿大混合式的中小学健康教育模式以课程作为学生健康教育的重要学习载体，在一定程度上能够培养学生良好的健康生活习惯与积极的人生态度。

二、国内健康教育模式存在的问题、历史演变及现状

1. 国内健康教育课程存在的问题

随着我国经济、社会以及信息化突飞猛进的发展，健康教育内容所涉及的范围也不再局限于向儿童青少年群体传递健康教育知识，而是更加注重儿童青少年所具有的生活态度、健康技能、心理健康、社会健康、健康风险、行为预防等多个健康教育领域。虽然我国中小学健康教育模式的研究起步较晚，但是学校健康教育课程逐渐呈现出一些发展和变化，与此同

时,也映射出教师在健康教育模式转变过程中自身角色转换的一些困境。随着 2008 年《中小学健康教育指导纲要》、2019 年《北京市中小学健康教育指导纲要(试行)》的颁布,国家及地方的学校健康教育实施模式逐渐完成从单一化向多元化转变的历程。学校在健康教育模式的设计上,不仅可以利用体育与健康、品德与社会、生物等课程作为健康教育的学习载体,渗透健康教育的内容;同时,也可以利用综合实践活动、专题讲座、主题班会等形式开展健康教育活动。2016 年 8 月中共中央政治局审议通过《"健康中国 2030"规划纲要》。该纲要将健康教育纳入国民教育体系,把健康教育作为所有教育阶段素质教育的重要内容,建议以中小学为重点,建立学校健康教育的推进机制;构建相关学科教学与教育活动相结合、课堂教育与课外实践相结合、经常性宣传教育与集中式宣传教育相结合的健康教育模式。尽管如此,健康教育在实施过程中还是存在着诸多亟待解决的问题,面临诸多困境。

(1)学校健康教育课程模式从单一化转为多元化过程中的管理困境。

2008 年《中小学健康教育指导纲要》的颁布,使得我国的中小学健康教育模式及健康教育课程的实施逐渐从单一化向多元化转变。学校可以利用原有的体育与健康、品德与社会、生物等学科课程,以及综合实践活动、专题讲座等多种形式开展主题式的健康教育活动。但是,在这个过程中所呈现的突出问题是:学校在实施健康教育的教学时,往往忽视了学校组织管理层对健康教育课程的整体设计,使得学校的健康教育工作并没有发生明显的改观。依据北京市中小学健康教育研究中心在北京市 16 个区的分层抽样调查,虽然有 80% 以上的学校认同健康教育开展的重要性,也进行了健康教育方面的内容讲授,但是,学校的健康教育课程内容和体系往往是零散的、碎片化的,实施过程也缺乏课程框架的整体化和系统化的搭建,最终导致健康教育的实施效果并不明显,学校迫切需要具体的健康教育学校实施模式在学校管理层面的统一规划和理论转化。

(2)学校健康教育模式的保障条件有待改善。

中小学健康教育模式的实施需要课时、教师资源、教学氛围等方面的具体保障。首先，一直以来学校教育的重点往往聚焦于传统学科课程，注重数学、语文和科学等与升学考试密切联系的学科教学，健康教育课程在教育主体中的角色和地位转变尚需时间。具体表现为学校教育在给予与考试相关学科充足课时保障的同时，却忽视了对学生健康素养的培养与提升。其次，健康教育师资的教学水平和专业背景同样是中小学健康教育模式有效推进的重要保障。依据针对北京地区学校健康教育师资的调查，北京市中小学健康教育研究团队发现，部分学校通过学科渗透的方式传递健康相关的知识，健康教育课普遍存在教师兼职教学的情况，学校大多通过体育与健康或初中生物等学科作为健康教育的课程载体，健康教育教师多为体育或心理老师或校医兼职，部分学校没有配备专职校医。由于目前我国的高等教育在教育学类与医学类均未设置健康教育专业，没有提供专业的教师资源，无法保证课程体系的完整性，教师在传递知识的过程中也缺乏专业知识的支撑。

此外，学校整体的健康教育氛围也是中小学健康教育模式有效推进的重要保障。学校健康教育课程主要以班会的形式开展，普遍受到学生的欢迎，也有学校采用主题活动形式开展学校健康教育，如以艾滋病、吸烟危害、紧急避险等为主题的宣传和指导讲座，但是这类讲座频次较低，不能满足学生需求。学校由非健康教育专业的教师进行学校范围内的学科渗透，对于健康学科专业性要求较高的问题，老师讲授难度较大。

无论是采用哪种中小学健康教育模式开展学校健康教育，都无法规避课时、教师资源、教学氛围等方面的诸多因素对学校健康教育实施效果的影响。因此，这些因素一方面造成了学校健康教育过程的不持续性，另一方面，这些影响因素也导致了健康教育知识传递的非科学性。因此，学校在开展健康教育的过程中急需本土化的新型健康教育模式。

2. 国内学校健康教育模式的历史发展进程与现状

（1）国内学校健康教育的历史发展进程。

纵观我国中小学健康教育模式的发展进程（如表5-1所示），就其表现形式而言，其发展逐渐呈现出从单一化转变为多元化；从只关注生理健康到关注生理、心理健康和社会适应能力的共同发展；从以体育课和心理课为健康教育的主要载体转变为多学科课程相互融合和渗透的模式。就本质属性而言，自教育部2008年颁布《中小学健康教育指导纲要》到2018年开展"师生健康中国健康"的主题教育活动，其根本目标都在于要将健康教育融入学校的教育生态体系之中，引导学生树立正确的健康观念，形成健康的行为习惯和生活方式。

中小学健康教育模式的表现形式和本质属性转变也凸显了两大特征：一是，历史和社会环境的变化决定了中小学健康教育模式发展的不同属性，即学校健康教育课程模式的确立是与不同时期的学生需求和能力培养目标相互匹配的；二是，我国对于学校健康教育课程的价值认知与世界各国逐渐趋同，且变化发展迅速，这也使得新时期"健康中国"背景下具有中国特色的中小学健康教育模式的思想和理论体系更为丰富和灵活。

表 5-1　学校健康教育实施模式的重要演变进程

实施年份	实施模式	政策纲要及标准	相关课程	课时
1998年	独立课程设置	《普通中小学和中等职业学校落实〈学校卫生工作条例〉检查评估细则》（教育部体卫艺司）	《健康教育课程》健康教育讲座	0.5
2001年	渗透和整合	《基础教育课程改革纲要（试行）》《国务院关于基础教育改革与发展的决定》	部分省市《健康教育课程》（辽宁、重庆）大部分为多学科渗透	0.5
2008年	多种模式综合应用	《中小学健康教育指导纲要》	《体育与健康》《品德与生活》《品德与社会》生物（中学阶段）综合实践活动地方课程	6~7

（2）国内健康教育课程实施模式的模型构建。

北京市中小学健康教育研究团队，依据国际上学校健康教育的多重理论体系和健康促进模型，同时结合我国已有的课程标准和纲要内容，提出了本土化健康教育课程实施的"三角结构模型"(如图 5-3 所示)。目前,我国健康教育课程的实施可以运用该模型加以解释。该模型一是建立了以核心素养和关键能力为中心的理论体系;二是形成了以《体育与健康》课程标准、《中小学心理健康教育指导纲要(2012 年修订)》和《中小学生健康教育指导纲要》《北京市中小学健康教育指导纲要(试行)》为引领的培养目标;三是形成了具有年级分层的课程内容体系设置;四是逐渐补充了课程的评价体系。

健康教育课程实施模型的四个组成部分"以始为终,循环往复,互为支撑,互为依据,互为反馈"。首先,学校健康教育课程目标分为总目标和五个学段的分目标,是确定课程内容的重要依据和评价体系构建的基础;其次,课程内容作为健康教育课程目标落实和转化的重要载体,涵盖了健康行为与生活方式、疾病预防、心理健康、生长发育与青春期保健、安全应急与避险五个方面,为学校健康教育课程从目标到实践转化提供了丰富的内涵支撑。此外,课程评价体系同课程目标、内容之间相互映射:一方面,目标的设定为课程评价体系的确立提供了重要的依据;另一方面,评价体系的构建也为课程内容的调整和落实提供了动态反馈。

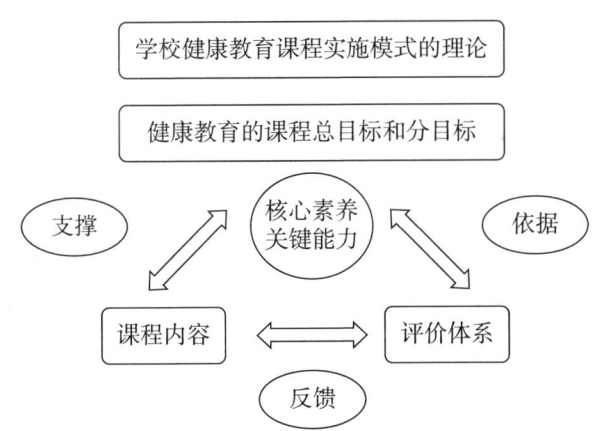

图 5-3 学校健康教育实施模式的"三角结构模型"

(3)健康教育课程模式的转变:以中国台湾地区为例。

我国台湾地区教育主管部门发布的《十二年学生基本课程纲要中小学暨

普通高级学校健康与体育领域课程手册》(以下简称《健康与体育》课程纲要),区别于台湾地区以往课程纲要中学生十项基本能力的要求,强调了学校健康教育对于学生核心素养培养的作用和价值,赋予了课程更为丰富的教育内涵,标志着台湾地区中小学《健康与体育》课程改革已经开始以素养为导向,打破学科壁垒的课程发展趋势。下面将以我国台湾地区新版《健康与体育》纲要为例,详细介绍台湾地区在推进中小学健康教育模式中可借鉴的经验。

研究表明,我国台湾地区中小学原有的九年一贯制各类型课程纲要分开的模式存在着大量问题,具体表现为不同学科之间的课程内容交叉重复,多学科间的评价体系难以统一,不同年级的课程体系之间缺乏递进上升的整体规划。为应对这一现状和解决教学中的实际问题,自2012年起,台湾地区开始启动相关课程纲要的整体规划和修订工作,先后有1000余人(涵盖高校教师、科研人员及一线教师等)参与了此次课程纲要的制定工作。2018年6月8日,中国台湾地区发布了《健康与体育》课程纲要草案。北京市中小学健康教育研究团队分别于2017年11月和2019年6月前往台湾地区进行相关内容的学术交流。研究团队通过两次参访,共同见证了我国台湾地区《健康与体育》课程纲要从草案试行到正式推进的转变历程。其研究和所参访的学校,从类别上看,涵盖了台湾地区的公立学校和私立学校;从学校的所属区域来看,包括了乡村学校和市区学校;从学段上看,覆盖了小学、初中和高中的各个学段。因此,我国台湾地区《健康与体育》课程纲要及呈现的教育形态具有一定的代表性和参考性。

我国台湾地区新版《健康与体育》课程纲要的实施及教育形态的转变既是其教育的现实需求,也是其教育界推进"终身学习性人才培养"远景规划的一次具体实践。首先,在解决现实问题的层面,我国台湾地区的健康教育课程在学生群体中具有较好的基础。据一项2012年中国台湾地区4386名中学生"最喜爱科目"的调查结果显示:《健康与体育》课程以54.6%的高占比率,位列各学科榜首。但是,台湾地区在基础教育的低年级阶段仍普遍采用"健康"与"体育"课程"分开式"的教学模式,具体实施过程中往往存在教师备课缺乏相互交流与合作。高年级阶段的《健康与体育》课程，其实更加需要教师间的相互合作，共同搭建不同专业领域交叉的健康教育知识体系，但是，在实授课过程中，高中阶段的《健康与体育》这门课程虽然在名称上为一门学科，而实际操作层面却呈现出明显的分科教学的特点。其次，《健康与体育》在学时分配上仍呈现出明显的不足，仅为总学时数的10%~15%，约为每周3课时（健康：体育=1:2），"学时少"与"内容多"间的矛盾难以消融。此外，学校严重缺乏具有健康教育专业背景的教师，对学校日常健康教育的顺利运转缺乏支撑。

同时，在人才培养的远景规划上，我国台湾地区的教育部门也迫切希望通过此次《健康与体育》课程纲要的修订，进一步明确和落实《健康与体育》课程的理念及目标，以"核心素养"作为课程发展的中心主轴，在纵向维度上贯穿不同年级之间的内容体系，横向维度上打破不同学科领域的边界壁垒。因此，在新版的《健康与体育》课程纲要中，更加突出了课程开展的灵活性和弹性，尊重学校已有的条件和自主课程的设置，依据学校自身的特色和发展要求来进行课程的具体安排，充分考虑了课程的整体性和连贯性，匹配以相应的评价体系作为反馈。该纲要突破性地提出：如学校确实难以整合性地开展教学工作，可经学校课程发展委员会同意，进行分科教学。因此，在课程的实施上，该纲要也具有一定的动态调整特点。该课程纲要不仅是我国台湾地区学校健康教育课程实施的重要指导思想，同时也是该地区学校健康促进计划推进的重要依据。该纲要的"核心素养"导向贯穿于我国台湾地区的幼儿园、中小学九年一贯课程与高级中等教育等教育阶段的各个领域和科目，希望通过课程的有效实施促进学生自身健康生活习惯的养成，增进个体与他人和环境之间的互动与沟通，以及倡导他人采纳健康生活理念，最终使学生个体成为具有运动、文化及健康素养的终身学习者。

从《健康与体育》学习内容的思考维度来看，课程纲要共分为9个与学生生活密切相关的重要议题（如图5-4所示）。

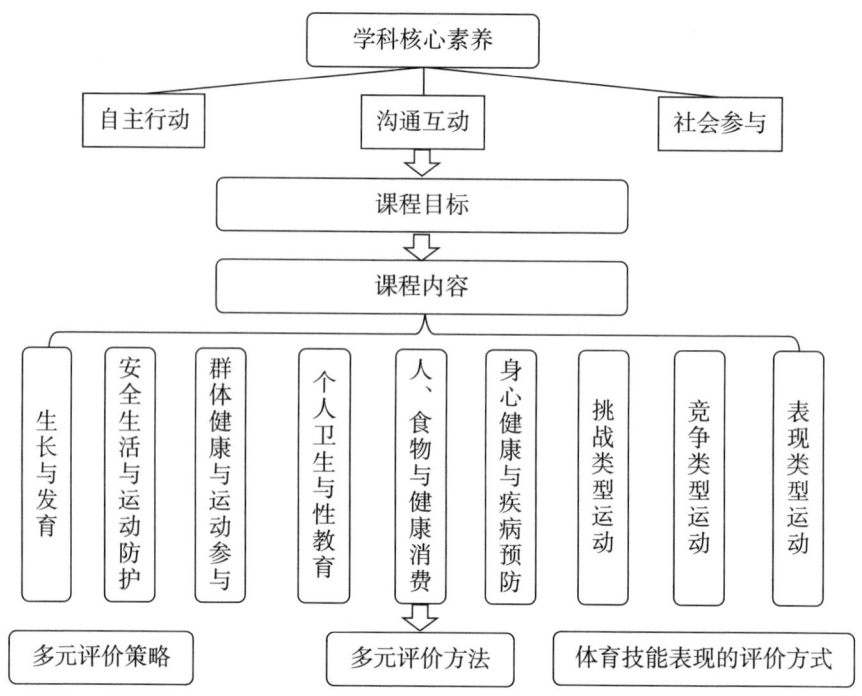

图 5-4 中国台湾地区新版《健康与体育》课程架构示意图

此外,在具体的评价层面,学校应依据自身的情况进行不断地修正和调整,采用多元评价策略和方法予以反馈。我国台湾地区《健康与体育》课程纲要中的"学习表现"评价体系的构建是该领域/科目中最为关键和重要的组成部分,即评价反馈来源于学生在实际学习过程中的认知、技能、情意和行为的价值"表现",而非仅仅局限于某个内容层面上的学习属性,且具有一定的引导性,有利于学生达成预定的学习目标。因此,《健康与体育》的课程目标作为评价学生学习效果的重要依据,在设定过程中同样考虑了不同年龄阶段学生在认知、心理发展,以及生活经验、技能等方面的差异,如表 5-2 所示,技能的表现性评价要求具有逐层深入、由简而繁的特性。

表 5-2　健康技能二级维度在不同教育阶段的学习表现

阶段名称	健康技能在不同阶段的学习表现
第一阶段 （小学 1-2 年级）	3a-1-1 尝试练习简单的相关技能； 3a-1-2 能在引导下，于生活中操作简单的生活技能。
第二阶段 （小学 3-4 年级）	3a-2-1 实践基本的健康技能； 3a-2-2 能于生活中独立操作基本的健康技能。
第三阶段 （小学 5-6 年级）	3a-3-1 流畅地操作基础健康技能； 3a-3-2 于不同的生活情境下，主动表现基础健康技能。
第四阶段 （初中 7-9 年级）	3a-4-1 熟练地操作健康技能； 3a-4-2 能够因不同的生活情境进行调试和修正，持续表现健康技能。
第五阶段 （高级中等学校 10-12 年级）	3a-5-1 探索多元创新的方法，展现促进个人及群体健康的技能； 3a-5-2 运用多元策略，将健康与自我照顾技能弹性调整，并融入生活情境，展现出个人与群体的健康生活方式。

依据中国台湾地区《健康与体育》课程纲要的整体要求，不同地域的学校根据自身特色来实践和落实这门课程，部分实践的案例值得借鉴。特别是在学校健康教育的整体推进过程中，普遍采用了区域化整体推进的模式，使其形成具有一定区域辐射效应的健康教育生态体系。以我国台湾地区桃园市为例（如图 5-5 所示），整体规划是以区域中心学校为核心，以伙伴学校和重点学校为支撑、专家学者为引导来共同推进中小学健康教育模式的发展与实践。具体来讲，在学校内部，通过学校的卫生委员会和地区的健康教育辅导团进行校内策略的整体设计和实施；在不同学校之间，各学校往往采用校际联盟的形式来开展课程的实施和健康促进的工作，不同学校间通过网络和书面报告的形式，了解学校间的健康课程开展和实施的动态情况，鼓励不同学校通过校际参访和研讨交流等活动，实地观摩，借鉴彼此的实施策略。

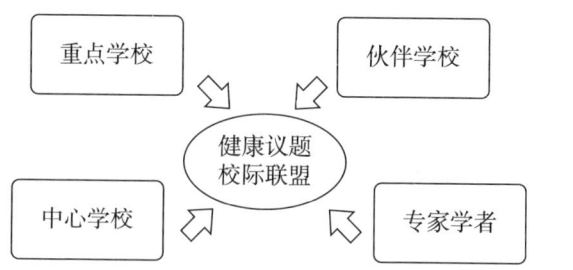

图 5-5　中国台湾地区桃园市《健康与体育》课程实施的校际联盟模式

第三节　中小学健康教育模式的构建与实施

一、独立的健康教育课程模式的实施

所谓独立的健康教育课程模式是指学校在实施与健康教育相关的教育行为过程中，将学校健康教育作为独立的一门课程，每周安排固定的课时，定期开展健康教育活动的一种健康教育实施策略与方式。各学校可按照上述健康教育实施模式的"三角结构模型"、《中小学健康教育指导纲要》和《北京市中小学健康教育指导纲要（试行）》中的课程目标及具体内容，结合本校实际，设计适合每个学段的健康教育课程，制订相应的教学计划，并按照年级间的不同依次递进、逐级深化，使学生在校期间能够接受连续、系统、有计划的健康教育课程，获得全面的健康认知和健康能力。同时，与课程实施相互匹配的课程评价也要以健康教育实施过程和实施效果作为重点，从学生健康意识的建立、基本知识和技能的掌握，以及卫生习惯、健康行为的形成等几个方面进行综合评价。

同时，也可以借鉴美国将学校健康教育作为独立课程的模式，在教学过程中，教师注重与学生实际生活联系紧密的内容，进行不同年级间的整体规划。比如，教师可选取艾滋病和性病，暴力和伤害，意外怀孕和不良生殖卫生，寄生虫病，营养不良和饮食安全，公共卫生和水环境，口腔卫生，呼吸道感染等相关的疾病（SARS等），烈性酒、烟草和毒品，体育锻炼，以及学生普遍存在的心理问题等作为教学内容的主题。

此外，健康教育作为一门独立的课程，学校还应注重学生获取健康知识、掌握基本生活技能、做出维护自身健康的决策、建立健康目标等方面素养的提升。其中，基本生活技能包括实践健康行为、管理压力、运用沟通技能、获取有效的健康信息及产品和服务、运用拒绝技能、解决冲突、分析影响健康的因素、做一名健康倡导者等。因此，学校在实施健康教育课程的过程中，也可依据课程内容为课程体系设计主轴，依不同生活主题的框架展开，根据地区和学校的实际需求不断地开发新的课程。

二、以学科渗透的方式实施

学科渗透模式主要指学校以促进学生适应未来社会发展的关键能力为目标，将健康教育的内容渗透到不同学科之中，并以此作为学校健康教育实施的重要载体，开展学校健康教育的一种健康教育实施策略与方式。具体来说，以学科渗透的方式实施，即学校将健康教育内容融入体育、生物、化学、历史、地理等课程的教学过程之中，这也是目前我国中小学普遍采取的健康教育方式。因此，为提高健康教育的教学效果，学校应使全体教师都了解健康教育的内容，明晰学科教学在提升学生健康素养中的重要作用，通过学科教学，自觉地将健康教育内容有机地渗透到日常教学中。在与相关学科整合时，学校还要选择适合学生年龄特点的健康教育内容，帮助学生提高健康意识，掌握必要的健康知识与健康技能，建立健康的生活方式与行为，减少或消除影响学生健康的危险因素。

学校健康教育在学科课程中的融合和渗透也可依据健康教育实施模式的"三角结构模型"，确立学生健康素养的总目标和分目标，在不同学科中进行整体的规划和设计。首先，整合学校原有的不同学科中与健康教育相关的课程目标和课程内容；其次，删除不同学科中多次重复和交叉的目标与内容，对于某一个目标采用以一门学科作为主要的目标实施载体，其他学科相互辅助的形式；最终设立具有年级差异的、螺旋上升的课程体系，突出不同课程和活动在某方面健康知识、技能培养上的优势，最大限度地降低教学资源的浪费。此外，健康教育在学校的具体实施还需要学校管理层的配合和教师的相互合作。在教师的执行层面，推行多教师跨学科、跨领域的授课模式，打破学科壁垒，实现健康教育与学科课程完美融合。

这种中小学健康教育模式一方面弥补了学校在健康教育师资方面的不足，另一方面也发挥了学科教师的专业优势。最终，通过学科教师对于健康教育活动的开发，达到丰富课堂教学素材、提供实际生活情境、传递健康知识、提升健康素养的目的。

如表5-3所示，根据学校已有的课程内容，进行健康教育内容在不同学科中的融入，在同一个健康教育的主题下，将健康教育的内容同数学、化学、艺术和生物课程进行融合，让学生在学习的过程中了解体重指数的具体计算方法，学习如何鉴定合格的食用油、制订合理的饮食计划等内容。在课程的管理层面，学校还可根据自身特色，选择一项到几项重点培养能力作为学校健康教育的培养目标，结合学校具体的资源条件，开展系列的课程实践和学生体验活动。

学校的健康教育模式以学校已有的拓展性课程、基础性课程和综合性课程三种课程类型为实施载体，以校本课程的融合、学科渗透、主题实践活动的方式进行推进，构建学科课程内容与学生健康能力培养的知识点链接，让健康教育在不同学科间自然融合。

表 5-3　同一健康教育主题与多学科课程的融合课例

学科	学科链接内容（健康与营养）
数学	可以用在数学相应的教学环节中，采用题目和活动的方式，在传递数学知识的同时，将如何控制体重、保持健康的理念融入其中，如： 如何知道自己是否肥胖？判断肥胖的两种方式： 1. 体重比身高对应的标准体重高出 20% 以上。 2. 体重指数大于 30。 体重指数的计算：体重（kg）/ 身高的平方（m2） 体重指数在 20 以下的为体重过轻，25~30 为超重，30 以上为肥胖，20~24 则符合健康指数范围。
化学	可以同化学科目中的酸碱中和滴定实验进行结合，复习物质的浓度的相关计算，让学生了解食用油中的酸值如何测定，酸值的含义是什么，树立公共卫生和食品安全意识。如： 如何保证我们的食用油是安全的？ 提问式导入：食用油检测标准和酸值的代表意义等问题。 实验讨论环节： 1. 如何测定油中的酸值。 2. 如何配置物质的量浓度的溶液。 3. 如何选用指示剂。 4. 交流实验结果，反思学习和计算食用油酸值对于健康生活的意义。
艺术	通过课程让学生了解什么是均衡饮食，如何搭建自己的食物膳食金字塔，给自己制订一个合理的饮食指南和计划表，如： 教师提前为学生准备一定的素材，将班级的同学分成若干小组，每组同学分别设计一张海报，画出"食物膳食金字塔"的轮廓图，并在里面添上各种食物的图片，可以自己绘画，也可以从报刊上剪下图片。通过活动帮助学生建立健康饮食和营养合理搭配的理念。
生物	人教版七年级生物下册第二章《人体的营养》内容，利用生物学科作为健康教育课程载体，进行健康教育知识内容的渗透，在不增加教学任务的基础上，介绍人体小肠部分的结构与特点、人体所需的营养物质的种类，以及如何健康饮食等内容。

三、以专题的方式实施

依据 2019 年《北京市中小学健康教育指导纲要（试行）》对学校健康教

育课程设置的要求,健康教育以专题的方式实施主要是指学校围绕学生群体中备受关注的健康问题(例如,传染病预防、社会交往、肥胖、应对压力、校园欺凌等),或者从学生发展的角度来考虑如何应对未来社会中各种重大健康问题的挑战(包括艾滋病与性健康、滥用药物等问题)而进行健康教育。学校健康教育专题的开展与实施要以提高中小学生群体的健康素养为宗旨,避免将健康教育仅仅视作健康知识的普及或健康教育理论的讲授,要注意教学内容对学生正确健康观念的引导作用,最大程度地预防学生发展过程中可能出现的健康问题和危险因素。同时,学校应依据社会认知理论和健康教育实施模式的"三角结构模型",将"世界防治结核病日""中国学生营养日""全国爱眼日""世界艾滋病日"等学校健康教育的主题宣传活动和校园节日活动相互融合,并依据学生在不同阶段的心理和认知发展层次,构建符合学生认知水平、学习情景和能力培养的课程内容和载体。

学校健康教育的主题内容可通过那些可迁移的知识,即"大概念"主题下的知识体系建构(主题包括营养健康、生理健康、体育健康等维度)来帮助学生发展和扩宽他们原有的健康知识体系,树立和完善自身的健康目标,最大程度地利用学校现有的资源,解决学生实际生活中的健康问题。此外,学校也可以依托健康教育的大数据和学校现有的节日和活动进行健康教育课程的实施,具体的途径如下。

(1)利用数据反馈,选择健康教育主题。

首先,学校应结合自身的特点和实际情况,有重点有选择地开展健康教育实践活动。学校可以利用大数据的分析和评价手段从不同的健康知识模块中选择适合本校的健康教育主题,诸如:心理和情绪、家庭和社交健康、成长和营养、个人健康和安全、药品和疾病预防、社区和环境健康等。

其次,学校也可以利用现有的健康数据为课程开发提供一定的依据。这些数据大部分是学校已有的,例如学生的体检数据、体质数据、近期学生在校园内发生意外伤害的地点统计、学生关注健康问题调查问卷的分析等。学校可在综合以上信息的基础上,找到本校学生感兴趣的健康教育课程主题和急需解决的健康问题。此外,社区和国家对于健康教育的大范围的调查数据同样可以作为学校健康教育实施的依据。数据分析便于更为客观地了解全国或区域范围内学校健康教育的普遍水平，定位学校的健康教育水平在全国范围内所处的位置，寻找差距和有待改进的内容点。在获取和利用数据的具体实施层面，学校还应对学生参与调查的群体数量、问卷信度和效度等整体情况进行考察。由此可见，学校健康教育主题的选择需要从学校整体水平的调查出发，全面地把握学校健康教育的整体情况，汇总数据的收集结果，分析学校健康教育的实际情况，建立系统化的课程体系。

（2）结合学校活动规划主题，建立健康教育课程体系。

如何依据大数据的反馈结果和学生急需解决的健康主题，将健康教育的内容同学校已有的课程体系进行完美地融合，已经成为学校实施健康教育的关键。如表5-4所示，某学校根据前期数据调研的结果，依托美国《健康与幸福》教材中的内容和课程体系，结合学校的课程安排，选择性地聚焦了营养与健康、心理和情绪、家庭和社交健康三个健康教育的主题内容，并以此作为培养和提升学生健康素养的课程模块。学校通过课程的整体规划，以每周固定的课时（2课时）作为课程实施的时间保障；以完整的课程体系设计作为课程实施的质量保障；以核心教师团队系列课程的研发作为课程驱动力的保障。三重保障体系促使学校的健康教育课程切实地落到具体的操作层面。同时，根据学生的心理和生理的发展层次，进行课程螺旋上升式的立体开发，寻找符合学生认知水平的学习情景和能力培养的链接，塑造健康教育课程实施的新生长点。

表5-4　规划学校健康教育主题活动的设计范例（小学3年级）

第2周	教师研讨熟悉教材	第8周	《管理压力》活动：游戏	第14周	快乐交往拓展活动二：实践活动中期小结
第3周	课程启动仪式	第9周	周四：快乐交往之健康的人际关系	第15周	周四：合理饮食之获取食物的必要性

续表

第4周	周四：A单元第一章《自我概念》活动：指纹画	第10周	周四：快乐交往之如何解决冲突	第16周	周四：合理饮食指南：如何选择健康的食品
第5周	周四：《心理情感》活动：成长的轨迹	第11周	周四：快乐交往之家庭关系	第17周	合理饮食拓展活动：为家人设计一份菜单
第6周	国庆节放假	第12周	周四：快乐交往之朋友交往 活动："我过生日"庆祝活动	第18周	小结
第7周	周四：《做负责任的决定》秋游活动安全应急与避险	第13周	快乐交往拓展活动：学校社区手拉手	第19周	假期学校课外实践活动

（3）依据学校的特色进行主题课程的设计

健康教育课程的具体实施效果与主题课程的整体设计和规划有着密切的联系。因此，学校可以依托自身的特色文化背景进行主题课程的设计和规划。以中国台湾宜兰县头城国小为例：学校在资金紧张的情况下，一方面，通过同社会机构或图书出版公司的签约合作，建立以绘本馆为重要课程载体的健康教育基地，让学生通过自主阅读图书来获得自身健康素养的提升；另一方面，学校利用当地特色的地理环境，实践创客教育与健康教育课程的相互融合。每次在台风过后，校园里都会积累大量损坏的散落树枝，学校将木材进行统一的收集和处理，作为创客教育的素材（手工制作木质钥匙链、电烙画等）。这种方式既节约了学校的经费开支，又通过课程中的作品制作，促进了学生自身责任意识和环境健康理念的形成。同时，学校将健康教育的内容渗透在学校课程和环境建设的各个环节，实现人文文化同健康教育的完美融合，从全面育人的角度，成就了个人与自然的和谐共处。

教师在设计和实施课程的过程中，也可以参照以下的案例。明确每节课中教师选择主题的具体依据、学生应该达到的标准和养成的技能、课上及课下的表现行为、教学的具体环节以及教师的评价和反思，并以此作为下一次健康教育课程改进的依据，更好地反馈教师实际的教学效果，具体如下：

对健康负责——培养自身健康生活的技能

授课人：　　　　　　日期　　　　　　年级

课程设计依据的标准（来源）：

如在课程中体现了《中小学健康教育指导纲要》《北京市中小学健康教育指导纲要（试行）》中的哪些要求。

课程教学的目标：

● 学生能够运用有效的信息分析、产品及服务的获取，以及交往技能来提升自身的健康素养水平。

● 学生能够通过决策制定来提升自身健康素养水平，降低健康风险。

● 学生能够有效解决冲突，习得解决问题和矛盾的技能，提升自我的健康素养水平，具有降低健康风险的能力。

课程实施的具体步骤：

教　师	学　生
1.（5分钟） 简单回顾上一节课的内容：语言沟通的四个层面的技能 （提问学生）	学生回答并完成该问题。
2.（10分钟） （1）情景故事导入：健康专家收到一封学生关于交流困扰的信件。 （2）什么是沟通？ （3）怎样使用非语言进行沟通？ （4）怎样做一个有效的倾听者？ （组织学生进行讨论）	每个人在分配的卡片上填写自己的姓名，和自己小组内的成员一起提出并讨论两个关注的问题，写在已发的卡片上。

续表

教 师	学 生
3.（10分钟） 针对课前要求学生进行信息查询的结果进行教师主导下的小组讨论： （1）什么是维持我们健康情绪平衡最重要的技能？ （2）我们可以运用之前学过的哪些技能来解决沟通问题？ （3）阅读课本上的解决方法。	学生通过回忆，根据课堂提示和之前查询的资料结果进行讨论。
4.（10分钟） （1）介绍获取有效的健康信息的方式。 （2）给学生提供两个不同的相关网站，由学生自行辨认和识别网站信息的有效性。	根据之前所学习的健康信息和知识，分小组讨论，进行网站信息的分析和评价。
5.（10分钟） 教师针对学生讨论的内容进行总结：想要维护自身的健康就要对于自己的身心健康负责。 （1）通过阅读强化概念。 （2）实践健康行为（健康饮水、运动、刷牙、与他人建立良好的社交关系等）	学生在讨论中进行阅读，检索信息和情景练习。 在时间允许的前提下进行情景模拟练习。

课堂评价与反思：

- 讲课过程中遇到了哪些问题（成功的，失败的，或有争议性的问题）？
- 学生在这堂课中学习到了什么，你是通过什么途径了解的？
- 你从学生身上和本次教学经历学习到了什么？
- 你应该如何改进自身的教学，为什么这样改进？

总之，学校健康教育是发展学生健康素养最直接、最有效的途径。中小学健康教育要依据《中小学健康教育指导纲要》《北京市中小学健康教育指导纲要（试行）》，反复审视所选择的模式是否适合且达到了学校实施健康教育的初衷，做到"不忘初心"。同时，通过一定的原则保障其设计的可行性：

- 整体规划与具体实施相结合的原则。中小学健康教育应尽量覆盖当代学生在成长过程中可能面临的生理、心理、社会等各方面的健康问题，因此需要整体规划以满足学生的不同需求。在具体实施中，由于学校课时的限制，可以采用多种多样的形式，融入课堂教学、班队活动、课外活动以及学校各项工作之中。

- 科学性与实效性相结合的原则。要根据学生身心发展的规律和特点，以及学生不同成长阶段的实际需求，科学地开展健康教育，注重健康教育的实践性与实效性，切实提高学生的健康素养水平。
- 面向全体学生与关注个体差异相结合的原则。健康教育一方面要面向全体学生，全面提高学生的健康素养；另一方面，也要关注学生的个体差异，根据学生年龄、心理、性别等特点和发展需要，开展有针对性的教育和引导。
- 知识传授与技能培养相结合的原则。健康教育既要关注学生在知识学习过程中健康生活技能的养成，同时也要强调健康知识与健康技能并重，做到健康知识的掌握、健康技能的提高以及健康意识的形成、健康行为和生活方式的养成三者间的相互统一。
- 个体健康责任与社会责任意识相结合的原则。健康教育要让学生能够运用所学的知识和技能，帮助个人和群体掌握卫生保健知识，树立健康观念，合理利用资源，并采纳有利于健康的行为和生活方式，推动社会范围内健康促进的更好发展。

第四节 中小学健康教育模式的辅助途径

在学校健康教育具体落实的过程中，还需要一支既能统筹学校资源又兼具执行能力的专业健康教育管理团队。学校的健康教育团队可分为三个层次：第一层次，由校长或主管德育的副校长对学校整体的健康教育进行规划，整合学校可利用的各项资源；第二层次，通过学校的家委会和教代会促进学校健康教育工作的整体推进，同时通过人事、财务、教务、德育等部门拟定具体的实施计划，整体协调经费预算和人力资源等统筹工作；第三层次，由学校校医、心理、体育、生物等学科老师组建实施课程的研发团队，主要负责具体活动的设计和推进。各个层次成员之间需要分工合作，既有整体统筹，又有具体的执行和落实，相辅相成，共促学校的健康教育模式的顺利实施。此外，还需要学校结合自身的发展状况，综合物理环境的建设、"家校合作"以及互联网应用等多个层面，共同促进学校健康教育的发展。

一、学校健康教育环境的创设

2018年，卫生部门在全国随机抽查了37531所中小学校的教学环境卫生，结果显示中小学学校教学环境卫生总体合格率为59.1%，小学阶段的课桌椅配备合格率较低，高中阶段存在教室采光和黑板照度合格率较差的问题。特别值得关注的是，北京地区学校教学环境卫生总体合格率仅为27.93%，虽然课桌椅配备合格率达到99.7%，但是黑板照度合格率仅为38.7%，教室采光合格率为67.9%，处于较低的合格水平范围。学校健康环境的建设也同等重要，应采用健康的建筑理念，合理控制校园环境中的噪音、光照、温度和通风等环境因子，以健康教育环境的改善促进健康教育成效的改善，带动社区乃至于整个社会范围内健康教育的进程。

二、学校及社会健康教育服务的提供

学校开展健康教育时还应考虑外在资源的整合和实施者（学校管理者、教师群体、家长）对学校健康教育服务的支持。在某些特定的发展阶段，相关研究机构和行政部门能够对学校健康教育的实施提供一定的指导和监督。在准备期，学校可同高校科研机构合作，组建学校的健康教育专业研究团队，调动学校健康教育生态体系的多方资源，包括食堂、医务室、心理咨询室、学科教师、家委会等的共同参与，依据课程的总目标梳理具有学校特色的分目标，完善管理制度，由团队成员分工负责健康教育课程的具体落实，将健康教育纳入学校的日常活动；在行动期，学校依托合作的专业教师培训机构，定期对团队骨干教师进行健康教育课程开发和实施的培训，研发系列与学校目标相匹配的健康教育课程内容，优化课堂教学；在持续期，以区域健康教育课程示范学校为中心进行辐射，以课程评价促课程目标和课程内容的动态调整，增加展示和交流机会，推进健康教育学校的集团化课程资源的网络共享和交流。

三、学校"互联网+教育"健康服务的提供

2019年，在新冠疫情的影响下，网络媒体在健康教育领域中的作用和优势开始逐渐凸显，也促使教育领域开始关注网络媒体在健康教育领域宣传和引导过程中的重要价值。微视频等新技术媒体的介入，使得健康教育信息的获取变得更加便捷，学生的学习过程更加个性化，师生之间的交流与互动变得更为频繁和有效。一些以健康教育为主题的微信公众号、慕课、微课等开始逐步进入到中小学的课堂之中，同时也辐射到了中小学生所在的家庭，产生了巨大的影响。健康教育开始以一种全新的形式走进更多人的社会和生活交往空间。同时应该引起学校关注的是，学校需要进一步开展学生获取科学信息资源的相关引导工作，帮助学生了解正确获取信息资源的途径和方法，提高师生的媒介素养。

知识卡片：《国务院关于实施健康中国行动的意见》

《国务院关于实施健康中国行动意见》明确，实施中小学健康促进行动。要求动员家庭、学校和社会共同维护中小学生身心健康。引导学生从小养成健康生活习惯，锻炼健康体魄，预防近视、肥胖等疾病。中小学校按规定开齐开足体育与健康课程。把学生体质健康状况纳入对学校的绩效考核，结合学生年龄特点，以多种方式对学生健康知识进行考试考查，将体育纳入高中学业水平测试。

参考文献

[1] Saracci R. The World Health Organisation needs to reconsider its definition of health [J]. *BMJ Clinical Research*, 1997, 314（7091）.

[2] 杨春雷. 我国学校健康教育课程模式研究[D]. 北京：首都师范大学，2006.

[3] 王建平. 美国学校健康教育的问题与对策研究[M]. 北京：首都师范大学出版社，2004.

[4] Nutbeam D. Health outcomes and health promotion: Defining success in health promotion [J]. *Journal of Australian Association of Health Promotion Professionals*, 1996, 6（2）.

[5] Lewallen T.C., Hunt H., Potts-Datema W., Zaza S., Giles W. The Whole School, Whole Community, Whole Child model: A new approach for improving educational attainment and healthy development for students. [J] *Sch Health.* 2015, 85（11）.

[6] ASCD, Centers for Disease Control and Prevention (CDC). Whole School, Whole Community, Whole Child: A Collaborative Approach to Learning and Health. ASCD: Alexandria, VA; 2014. Available at: http://www.ascd.org/ASCD/pdf/site ASCD /publications /whole child/wscc-a-collaborative-approach.pdf.

[7] 元英，刘文利. 基于核心素养的芬兰初中健康教育课程标准研究[J]. 中小学教师培训，2019（2）.

[8] FNBE. *National Core Curriculum for Early Childhood and Care* 2018 [M]. Helsinki: National Board of Education Press，2018.

[9] 徐扬. 芬兰基础教育阶段科学课程改革中的"边界消弭"——伯恩斯坦视角下的芬兰科学课程与教育形态[J]. 全球教育展望，2019，48（3）.

[10] FNBE. *National Core Curriculum for Basic Education* 2014 [M]. Helsinki: National Board of Education Press，2016.

[11] 郭亚新. 21世纪日本学校健康教育课程体系研究[D]. 北京：首都师范大学，2013.

[12] 森昭三. 和店正胜. 保健教学[M]. 人修馆书店，2009.

[13] 张鑫华，王国祥. 从"健康日本21"计划实施看日本社会国民健康的管理与服务[J]. 成都体育学院学报，2014，40（9）.

[14] 孔繁学，刘扬，刘毅. 日本"21世纪国民健康增进运动"——"健康日本21"

目标值及体系［J］. 中国公共卫生，2002，18（10）.

［15］朱婕. 中小学课程标准修订的国际比较研究［D］. 上海：华东师范大学，2019.

［16］卢伯春. 中、美、英、日基础教育阶段健康教育课程内容标准比较［D］. 扬州：扬州大学，2006.

［17］陈晓菲. 加拿大不列颠哥伦比亚省基础教育课程改革［J］. 外国教育研究，2019，46（11）.

［18］徐扬. 健康教育课程创新实施模式的探索与实践［J］. 中国教育学刊，2019（7）.

［19］余小鸣. 学校健康教育的发展及挑战［J］. 中国健康教育，2005（5）.

［20］Manganello J.A. Health literacy and adolescents: a framework and agenda for future research［J］. *Health education research*，2008，23（5）.

［21］Benes S., Alperin H. *The Essentials of Teaching Health Education: Curriculum, Instruction, and Assessment*［M］. Champaign: Human Kinetics Publishers，2016.

［22］吴瑶，李曼，黄哲，曹桂莹，姚珊珊，许蓓蓓，胡永华. 中国2018年中小学校教学环境卫生现状［J］. 中国学校卫生，2019，40（5）.

［23］吕书红. 健康中国视角下健康促进学校发展现状及对策建议［J］. 中国健康教育，2018，34（11）.

［24］刘志业. 中小学校健康教育与健康促进工作现状调查与对策研究［D］. 北京：中国疾病预防控制中心，2019.

［25］陶芳标等. 儿童少年卫生学［M］. 北京：人民卫生出版社，2019.

第六章
中小学健康教育的实施和效果评价

中小学要采取多种途径和方法实施健康教育，注重发挥不同途径和方法的综合作用，增强健康教育的实效性。各级教育行政部门和学校应将健康教育实施过程与健康教育实施效果作为评价重点，包括学生健康观念的建立、基本知识和技能的掌握、卫生习惯与健康行为的养成，以及学校对健康教育课程的安排、资源配置、实施情况以及实际效果。

《北京市中小学健康教育指导纲要（试行）》对北京市中小学健康教育工作提供了纲领性指导，对"培养学生健康意识与观念，掌握健康知识和技能，促进学生养成健康的行为和生活方式"提出了明确的目标和具体的内容要点。北京市各区、各学校应依据《北京市中小学健康教育指导纲要（试行）》的实施建议和要求，完善健康教育管理体系与健康教育课程体系。各学校应建立健康教育课程及活动的计划与实施方案，指导、引领课内外健康教育活动，并对课程和经常性宣传教育与集中式宣传教育进行评价。各中小学校教师应根据区和学校健康教育实施计划的相关要求，结合学校实际、课程特点、学科特点以及教学资源配置情况，合理设计和有效开展健康教育教学工作，促进中小学生形成健康观念，掌握健康知识与技能，养成健康行为和生活方式。

第一节　中小学健康教育的实施

一、中小学健康教育实施依据

落实《北京市中小学健康教育指导纲要（试行）》，统筹社会、学校、教师、医务工作者、家长和学生多个层面的资源，构建可持续发展的学校健康教育服务体系，形成维护和促进健康的强大合力是完善学校健康教育体系，促进学校健康教育工作落实，促进学生和教师健康素养提升的保障。

1. 教育行政部门管理与督导机制的建立

《北京市中小学健康教育指导纲要（试行）》对教育行政部门有明确规定："各级行政部门要切实加强对学校健康教育的领导，制定规章制度，明确责任部门和负责人，支持和指导中小学开展健康教育工作。"各区教育行政部门应依据《北京市中小学健康教育指导纲要（试行）》精神，完善健康教育领导机构、组织机构、执行机构，或成立健康教育指导中心；同时要建立学校督导评估指标体系，对中小学进行督导检查，并结合工作实际创建示范校活动。

2. 学校健康教育课程建设措施

2007年5月中共中央国务院颁布了《中共中央国务院关于加强青少年体育增强青少年体质的意见》，强调健康教育要"培养学生的健康意识与公共卫生意识，掌握健康知识和技能，促进学生养成健康的行为和生活方式"。2008年12月教育部印发《中小学健康教育指导纲要》指出"健康教育是以促进健康为核心的教育，是通过有计划地开展学校健康教育，培养学生的健康意识与公共卫生意识，掌握必要的健康知识和技能，促进学生自觉地采纳和保持有益于健康的行为和生活方式"，并从"健康行为与生活方式、疾病预防、心理健康、生长发育与青春期保健、安全急救与避险"五个领域，明确了不同学段学生健康教育的总体目标，为学校健康教育实施明确了具体目标和内容。2012年教育部印发《中小学心理健康教育指导纲要（2012年修订）》，指导和规范了中小学心理健康教育的普及和开展，明确了"中小学心理健康教育是提高中小学生心理素质、促进其身心健康和谐发展的教育，是进一步加强和改进中小学德育工作、全面推进素质教育的重要组成部分"。各区、各学校按照教育部要求，形成了区域性的心理健康教学指导纲要或教学参考资料。各学校在重视对学生进行心理教育的同时，按要求根据学生的身心发展规律开设了心理健康课、团体和个别心理咨询辅导，以及开展了丰富多彩的心理健康教育的实践活动。2014年3月教育部《关于全面深化课程改革，落实立德树人根本任务的意见》中提出"建立各学段学生发展核心素养体系""研究制订中小学各学科学业质量标准"的任务，正式确立了基于素养的课程重建问题。

按照《北京市中小学健康教育指导纲要（试行）》"以发展学生的健康素养为宗旨，注重学生生活技能养成，关注学生社会责任的培养"的基本理念，结合学生需求和健康教育的特点，将北京市中小学健康教育内容分为：个人卫生习惯，生长发育与性健康，营养与健康，疾病预防，烟草、酒精与毒品，心理健康，运动与健康，安全应急与避险八个领域，为构建北京市健康教育地方课程体系，以及为中小学校健康教育的有效实施提供了指导性、参考性的引领。北京市各区的健康教育领导机构、组织机构、执行机构以及健康教育指导中心有责任对各学校健康教育工作进行指导，对各学校健康教育课程建设、课程实施、课程评价进行管理和监督。

3. 健康教育师资队伍建设途径

北京市各区、各学校应按照《北京市中小学健康教育指导纲要（试行）》中"把健康教育教学研究纳入教研工作计划，开展以知识传播与技能培养相结合的教学研究工作"的要求，联合市级、区级教研部门以及健康教育指导中心，对各学校、各学科教师进行健康教育培训，并采取切实可行的措施，加强健康教育师资队伍建设，提高教师健康教育的意识与观念、知识与技能，使各学科教师学会运用科学的手段、合理的措施，提升对学生进行健康指导的能力。

4. 健康教育教学资源建设

在各区的健康教育行政部门、教学研究部门和健康教育指导中心的引领下，各学校应以校长或书记为第一责任人，成立学校健康教育领导小组，对学校健康教育工作统一规划，整合校内外健康教育资源，构建基于学校特点、学生需求的健康教育课程体系，形成健康教育宣传活动的教育课件及音像制品、宣传册、校本教材等，丰富健康教育资源。

二、中小学健康教育实施建议

健康教育的课程有载体课程、独立课程、学科渗透课程、专题教育课程等形态，还有与课外健康教育实践活动相关的主题教育和宣传教育活动，通过多种途径对学生进行健康知识教育，帮助学生掌握健康技能，形成良好的健康行为和观念。

1. 中小学健康教育课程形态与教育方式

《北京市中小学健康教育指导纲要（试行）》明确了核心素养背景下中小学健康教育目标，"通过有目的、有计划地开展学校健康教育，帮助学生提高健康意识，掌握必要的健康知识与健康技能，养成健康的行为和生活方式，减少或消除影响健康的危险因素；引导学生主动宣传健康知识，增强维护健康的社会责任感"，北京市各学校健康教育主要有以下几种形式。

（1）学校健康教育的课程形态。

● 载体课程形态。《义务教育体育与健康课程（2011年版）》将课程分为运动参与、运动技能、身体健康、心理健康与社会适应四个领域，每个方面都有具体的说明和目标要求，如：培养体育道德及运用沟通技巧的知识；培养自尊和自信的人格；了解营养知识、环境与健康的关系；解决运动中的冲突及压力和情绪管理；获取体育与健康的知识与技能的方法等。《普通高中体育与健康课程标准（2017年版）》指出：学生在三年的体育与健康课程学习中需修满12个必修学分，其中健康教育模块必修必学1个学分（18课时），塑造健康行为包括六个方面：生活方式与健康（3学时）、营养与健康（4学时）、环境与健康（3学时）、心理健康与社会适应（4学时）、运动安全（2学时）、紧急避险（2学时）。国家每年进行学生体质健康测试工作，从学生身体形态、身体机能和身体素质等方面综合评定学生的体质健康水平，这既是学生发展核心素养体系和学业质量标准的重要组成部分，也是评估和推进学校体育工作的内容之一。

📝 知识卡片：学校体育工作任务的变迁

1999年《中共中央国务院关于深化教育改革全面推进素质教育的决定》指出"学校教育要树立健康第一的指导思想，切实加强体育工作，使学生掌握基本的运动技能，养成坚持锻炼身体的良好习惯"。2000年，教育部发布了《关于〈全日制普通高级中学课程计划（实验修订稿）〉的补充通知》，将"体育与保健"课程名称更改为"体育与健康"课程，强调了"体育与健康的教学目不仅仅是要增进学生的健康、增强体质，同时应从育人的高度，培养身心健康、全面发展的人"，增加了"保护学生健康与安全，教育学生热爱生命，关心健康；促进身体的正常生长发育和身体素质与人体基本活动能力的发展；适应自然和社会环境，增进身体健康和抵御疾病的能力；促进学生身心健康发展，增强对于挫折的承受能力"。随后《义务教育体育与健康课程标准（2001年版）》也将体育课程改为体育与健康课程，每周体育课课时增加至3课时，以保证学生的体育锻炼时间。

- 独立课程形态。在健康教育课程构建过程中，可基于学校实际以健康教育独立课程的方式，形成有学校特色的促进学生身心健康全面发展的健康教育校本课程体系。"依据健康教育课程'三角结构模型'中的目标、内容和评价因素，衍生出该模型下以'多重资源整合策略''特色文化课程整合'和'主题活动实践驱动'为特征的三种动态课程实施模式。具体操作中，学校可根据自身特色文化，动态调整和采纳不同的模式，进行'重在行为改变'的健康教育课程实施，提升学生的健康素养水平"（徐扬，2019）。开发健康教育校本课程，应根据《北京市中小学健康教育指导纲要（试行）》的指导思想和基本理念，目标、任务与基本原则，主要内容及实施途径与方法，按照课程相关要求，制定健康教育校本课程体系构建方案、课程计划、教学实施策略、组织形式、课时计划、课堂教学建议、活动方式及评价方法，并上报上级主管部门审批，经审定后使用。

- 渗透课程或整合课程形态。目前在《体育与健康》课程教学中，每学期集中讲授健康知识的课时有限，需要系统整合健康教育实践活动资源，以系统性的课内外实践活动为依托，对学生的行为改进进行动态监控与考核，以实现《北京市中小学健康教育指导纲要（试行）》的课程目标。以学科渗透方式落实健康教育课程的相关学科，其健康知识均以各自学科的角度安排，健康教育知识、技能学习是以碎片化、不系统的方式在不同学科呈现，在教学过程中各相关学科以各自的视角推进，对健康教育渗透与实施的效果难以评估。为避免健康知识在不同学科重复、相互不衔接的现象，可以将体育与健康、生物、道德与法制、心理、化学、历史、地理等学科有关健康知识的部分有机整合，切实把健康教育融入教育教学各个环节，发挥课堂教学主渠道作用。可以因校制宜，创新工作举措，根据各学校的具体实际情况，以德育处、学生发展中心、年级组或医务室牵头的方式，按照《北京市中小学健康教育指导纲要（试行）》内容要求，对学科健康知识要求进行梳理。采用多学科集体备课、分工协作的方式解决健康教育课程实施面临的问题，发挥健康教育教师、学科教师和医务室保健教师各自的特长，形成健康教育校本特色，提高健康教育效果。

- 实践课程形态。各学校可根据《北京市实施教育部〈义务教育课程设置实验方案〉的课程计划（修订）》第七条"各学科平均应有不低于10%的学时用于开放学科实践活动课程，在内容上可以某一学科内容为主，开设学科实践活动，也可综合多个学科内容，开设跨学科综合实践活动"要求，以健康教育课程为主线或以健康教育活动为主体，开展综合实践课程，提升学生的健康素养，形成健康习惯和健康行为，培养学生的社会责任感。

（2）学校卫生保健室健康教育服务形式。

学校卫生保健室的校医在师生的健康维护、健康教育、健康管理、健康指导和健康服务方面起重要作用。北京市各学校的卫生保健室的业务指导单位是北京市卫生局和北京市保健所，行政归属于市教委体卫科，同时接受疾病控制中心、属地卫生服务中心、药监局、红十字会等部门的工作指导。学校医务室工作范围广，在组织开展健康教育、卫生保健知识宣讲、监督指导健康教育授课工作中担任重要角色。

健康教育的活动和服务形式多样，内涵丰富。根据《中小学健康教育指导纲要》提出的"学科教学和班会、团会、校会、升旗仪式、专题讲座、墙报、板报等多种宣传教育形式开展健康教育……"要求，各区、各学校在"全国爱耳日"（3月3日）、"世界睡眠日"（3月21日）、"世界防治结核病日"（3月24日）、"世界卫生日"（4月7日）、"世界地球日"（4月22日）、"全国预防接种宣传日"（4月25日）、"世界红十字日"（5月8日）、"国际护士节"（5月12日）、"中国学生营养日"（5月20日）、"世界无烟日"（5月31日）、"世界环境日"（6月5日）、"全国爱眼日"（6月6日）、"世界献血日"（6月14日）、"世界人口日"（7月11日）、"中国医师节"（8月19日）、"全国爱牙日"（9月20日）、"世界精神卫生日"（10月10日）、"世界艾滋病日"（12月1日）和"全国爱国卫生月"（4月）、"全国禁毒宣传月"（6月）等重要时间节点开展专题教育活动或讲座，开展有关健康主题的运动会，积极推进学校健康教育的落实，充分利用互联网、广播、宣传栏、微信、微博等资源和载体，采用学生喜闻乐见、易于接受的形式，开展寓教于学、寓教于乐、寓教于用的健康教育活动，使学生终身受益。

（3）学校健康测试信息的管理。

按照《中小学生健康体检管理办法》《国家学生体质健康标准》《国家义务教育质量监测》等要求，在校学生每年进行1次常规健康体检，每学年开展覆盖学校各年级学生的《国家学生体质健康标准》测试工作。学生健康体检结果会及时反馈给学生和家长、学校和当地教育行政部门，同时反馈促进学生健康的措施及指导意见。各学校学生体质测试数据经当地教育行政部门按要求审核后，通过"中国学生体质健康网"上传至"国家学生体质健康标准数据管理系统"，以了解学生的体质健康状况。另外，国家义务教育质量监测中心，对学生学习质量、心理健康、体育及健康状况等领域，进行有效跟踪，提高监测效益。针对学生进行的相关健康测试，反映了中小学生的健康情况，从某个侧面也反映了中小学健康教育状况，并为构建中小学健康教育课程体系，规划设计健康教育实施方案，有效配置和管理健康教育资源提供了参考。

2. 中小学健康教育的实施策略

为了贯彻落实《北京市中小学健康教育指导纲要（试行）》的目标，改变青少年不良的生活方式和行为习惯，以及改变健康教育师资不足、健康教育资源不够完善的现状，北京市各区、各学校需要在教育行政部门的管理和指导下，构建学校健康教育服务体系，做好专、兼职健康教育教师或全员教师的培训工作，以提高师生健康素养。

（1）加强健康教育管理与健康教育教学研究。

在各级教育行政部门管理和指导下，结合本区各学校的实际，制定有效推进健康教育的规章制度和实施管理办法，建立对学校健康教育指导、管理、督导的工作机制，制定学校健康教育的考核评价标准，加强健康教育实施效果的监控，具体建议如下。

- 要结合本区实际，制订健康教育工作指导计划，切实加强对学校健康教育工作的组织领导、服务保障和督导评估。

- 要督导健康教育课程、课时和活动的落实情况。按照《北京市中小学健康教育指导纲要（试行）》要求，围绕学生健康需求，采取灵活多样的形式开展健康教育督导，提高健康教育质量。

- 要建立中小学健康教育教研制度，各级教研机构应配备专职健康教育教研员，逐级成立专、兼职专家顾问团，组织专家学者、教研人员、一线教师和学校管理人员，结合各学校实际情况，积极开展健康教育课程构建、课程设计与实施，进一步完善和细化健康教育课程教学评价标准，对学生健康状况进行质量监控，建立学生健康管理制度。要结合本地区实际和学生健康需求，丰富健康教育教学资源，进一步结合新时代要求，深入进行健康教育教学研究，增加具有时代特征、地方特色、实时事件（公共卫生事件等）的健康教育教学资源供给，并积极向学校推荐使用。

- 要全面落实国家相关政策的要求，对学校健康教育教师、保健教师、校医等人员在编制、职称晋升、工资待遇等方面给予关照。加强健康教育师资建设，严格落实健康教育师资配备要求，加强对专、兼职健康教育教师的培养和培训，不断提高健康教育教师能力和水平。

● 要根据健康教育需要，增加经费投入，将健康教育纳入教育科学研究规划，协同高等学校、科研机构、教研部门的研究人员开展相关研究，为健康教育实践提供理论基础和科学依据。

（2）构建健康教育课程体系。

针对北京市健康教育现状，需要统筹学校健康教育资源，形成课程整合、学科资源互补、全校师生参与的模式，以落实《北京市中小学健康教育指导纲要（试行）》的教育目标。各中小学校可根据学校的实际、资源配置等情况，选用不同的方式实施健康教育课程。课程实施建议如表6-1所示。

表6-1 学校健康教育课程实施建议

课程形态		实施建议
载体课程形态	以"体育与健康"课程为载体。	按照"体育与健康"课程标准，在体育教学过程中，完成健康教育的相关教学内容。
独立课程形态	构建健康教育独立课程体系，以健康教育校本课程方式推进。	基于学校实际以独立课程的方式推进，形成有学校特色的、促进学生身心健康全面发展的健康教育校本课程体系。
渗透课程或整合课程形态	整合学科优势，形成健康教育课程资源互补的方式。	针对没有专门的健康教育课程或课时较少的情况，根据各学校的实际，以德育处、学生发展中心、年级组或医务室牵头的方式，对学科健康知识进行梳理，采用多学科集体备课的方式，分工协作实施学校健康教育课程。
实践课程形态	以健康教育为主题的综合实践课程。	根据学校实际，开设学科综合实践活动，也可综合多个学科内容，开设跨学科综合实践活动，以健康教育课程为主线或以健康教育活动为主体，即开展"以健康教育为主题"的综合实践课程。

（3）统筹健康教育活动资源。

目前学校健康教育采用不同主题的常态化、集中性的多种活动形式，对推进健康教育知识技能的形成有积极的作用。健康教育实践性主题活动通过丰富多彩的教育教学活动以及自主学习和体验的方式实现，实践活动是帮助学生树立健康观念、形成健康行为的一种必要手段。学校健康教育形式有：经常性健康教育活动、集中性健康教育活动、针对性健康教育活动以及整合家庭和社会资源实施的健康教育活动。健康教育活动设计应依据《北京市中小学健康教育指导纲要（试行）》的目标、任务及主要内容的要求，明确健康教育的活动主题、活动时间、活动场所、活动目标、活动内容、活动步骤和环节、活动方式、活动条件与资源、活动安全注意事项、活动组织者与参加班级和人数、活动的评价反馈与分析、活动建议等。

● 经常性健康教育活动促进健康技能转化。经常性健康教育宣传活动需要采用学科联动的方式整合资源，需要全校师生共同完成，需要系统坚持、常态管理和目标引导才能将健康知识转化为健康技能。

第一，基于学校特点和需求，将经常性的健康教育活动形成制度且固定下来。学校相关部门牵头，通过医务室和相关人员主导，全体教职工和学生共同参与、共同协作完成健康教育活动。

第二，可结合学校的特点使健康教育活动常态化，将单纯的健康知识学习转化为在健康知识学习过程中培养健康技能的实践活动，如结合学校健身活动、体育节、体育运动会进行健康教育主题活动；进行运动安全知识竞赛、安全运动防护技能体验与演练；结合学生年龄段特点，开展家长参与的健康教育知识讲座及健康技能操作等。

第三，组织多种形式的健康知识征文、竞赛活动，并充分运用校广播站、宣传栏、黑板报、手抄报、视频录像等形式，强化经常性健康教育的成果，将课堂学习内容与课堂外活动内容融合，有操作、有演练、有情境，促进学生健康技能形成，提高师生的健康意识、健康技能，构建学校健康教育课程内容与健康教育活动一体化、系统化、常态化模式。

● 集中性健康教育活动促进健康知识的学习。根据国家和上级部门的要求，组织开展不同专题的爱国卫生宣传活动，提高师生的卫生保健意识和能力，如"中国学生营养日""世界无烟日""全国爱眼日""全国禁毒宣传月"等。还可以成立由校长直接负责领导的学生指导中心、学生发展中心、学生健康指导中心、心理健康与生涯中心，以完善学校健康教育管理和服务体系。集中性健康教育活动应是多部门参与、多学科协同，围绕宣传日和宣传月对师生进行系统的、持续性的主题性健康教育，有计划、有组织、有针对性地强化宣传日、宣传月的成果，整体推进集中性健康教育活动的效果。还可根据《北京市中小学健康教育指导纲要（试行）》中"个人卫生习惯，生长发育与性健康，营养与健康，疾病预防，烟草、酒精与毒品，心理健康，运动与健康，安全应急与避险"八个领域的具体内容，结合学生的年龄特点进行集中教育，如讲座、专题论坛（高年级）、主题实践活动等。

- 针对性开展健康教育活动，促进健康意识的形成。2017年12月，教育部等11部门印发《加强中小学生欺凌综合治理方案》。方案指出："中小学生欺凌是发生在校园（包括中小学校和中等职业学校）内外、学生之间，一方（个体或群体）单次或多次蓄意或恶意通过肢体、语言及网络等手段实施欺负、侮辱，造成另一方（个体或群体）身体伤害、财产损失或精神损害等的事件"。当前校园欺凌事件频发，学校应积极开展针对性的教育活动。因为任何形式的校园欺凌行为，除了对"受伤者"造成伤害外，对"欺凌者"和"旁观者"同样造成伤害，这种现象不仅影响学生的身心健康，还会影响学生的人格发展。各学校应结合健康教育主题，对学生进行道德教育、法制教育和规则意识教育，强化学生的自我保护意识和能力，规范学生间的语言和行为。

- 关注学生家庭健康教育环境，引导家长参与到学校的健康教育课程和活动中，注重家庭教育的效果和影响。关注社会环境对学生的影响，利用好积极正面的教育资源，形成相互影响的良性循环。为学生健康发展构建可持续发展的平台是社会、教师、家长的共同责任和义务。家庭是学生学习的第一个资源，家长对青少年健康行为方式的养成和健康观念的形成有重要影响。从事健康教育的教师、班主任应积极同家庭一起，共同促进孩子的健康成长。

教师要了解家长的健康教育经验和对健康及健康教育的理解，同时教师还应让家长了解学生对健康方面的需求，以便在家庭中能促进学生良好健康行为的形成和保持。让家长和学生一起学习，营造健康素养形成的"大环境"，学生、家长、教师相互监督、相互促进，形成健康教育的良性循环，共同提升学生、家长和教师的健康素养。

整合社会健康资源，形成共同关注健康的群体。学校健康教育服务体系、学校健康教育咨询平台，应该结合社区公共服务资源，共同构建健康教育体系。要整合社会力量对学生体质健康测试数据和检测结果进行分析、备案，对师生进行健康指导、健康监督、健康管理、健康服务，对重点对象进行跟踪性监控，使健康体检、健康监测大数据得到充分、科学的运用，教师、家长与学生不仅要知道测试数据的意义，还要明确改进的措施，掌握改进的方法和策略，最终获得改变的效果。学校与社区卫生部门、社会健康教育服务机构联动，有效利用社会资源，寻求健康咨询、健康指导，针对健康危险因素、健康不良因素进行预防和干预。

《北京市中小学健康教育指导纲要（试行）》要求"将学校实施健康教育情况列入学校督导考核的重要指标之一"。各学校应充分利用健康测试数据，为学生提供健康指导，如对健康体检和体质健康测试数据进行分析，在专家指导下进行有效干预（如预防近视，减少肥胖率等），并能在干预效果追踪和反馈监控方面进行管理。各学科教师都有义务帮助学生养成健康习惯，可以采用日常管理的方式，如学生的睡眠报告、饮食饮水情况报告（可以在课前完成）；再如帮助学生减少静态活动时间（减少电子屏幕的注视时间），引导他们积极参加体育锻炼（学生每天保证1小时以上中高强度的运动）。也可以在学科教学中或课间活动中监控和管理，即通过各学科教师及教职员工对健康的关注和健康行为的引导，促进学生健康知识的学习、健康技能掌握和健康行为的养成。对学生健康行为进行过程监控，对学生健康技能养成进行过程指导和追踪反馈，是为学生提供精细化和个性化健康服务的保障措施之一。

（4）健康教育教师队伍建设和教师培训。

● 配齐专职健康教育教师。中小学健康教育能否有效开展取决于健康教育教师的专业化水平。首先要配齐专职健康教育教师。目前，我国中小学校健康教师由体育教师、班主任、心理教师、学科教师、卫生室或保健室的教师或工作人员等非专业教师兼职担任。美国的健康教育教师通过高校的系统培养，无论是知识体系还是教学技能、实践能力都能得到很好的发展。在学校健康教育项目的计划、实施、评估，健康服务协调，健康教育资源利用等诸方面都能有更专业的表现。美国教师的在职教育也有相应的途径、渠道，这就保证了健康教育教师知识、技能的不断更新，有效地促进了中小学健康教育的发展。为了配合健康教育教师的培养与在职发展，美国还制定了健康教育教师的专业标准。个人、组织都能以此标准为目标来发展教师的专业水平。目前我国专职健康教育教师还存在严重缺编现象。

● 专职健康教育教师的培训。我国目前还没有职前健康教育专业，解决目前的困境，还需要对从事健康教育教学工作的老师进行针对性和实效性的强化培训。加强健康教育教师队伍建设是落实《北京市中小学健康教育指导纲要（试行）》的保障。各区、各学校要至少配备一名专职健康教育教师（很多学校没有专门的健康教育教师和专职心理健康教师），制订健康教师培养和继续教育培训计划，切实提高专职心理健康教育教师的基本理论、专业知识和操作技能水平，构建健康教育教师培训课程体系、内容结构及具体内容，基于中小学实际需要设计灵活多样的培训和研修方式，并建立考核评价方案以及反馈机制。

● 兼职健康教育的师资培训。有学者呼吁为学校配备专职的保健老师，对班主任进行健康相关知识和健康教育技能的培训。根据目前北京市健康教育现状，首先，要对健康教育教师进行分层、分类培训（包括医务室教师），以解燃眉之急；其次，对班主任和相关学科教师进行培训；第三，对中小学校长及行政主管领导进行培训；最后，对全学科教师进行不同层次的、分阶段、分专题的培训。根据北京市中小学健康教育调研状况及教师需求，基于存在的问题设置培训目标、具体培训课程，构建培训内容体系，采用集中培训、网络培训等多种方式，进行健康教育师资培训。

（5）健康教育课程教学资源的管理、运用与开发。

《北京市中小学健康教育指导纲要（试行）》指出："各级教育行政部门

和学校管理应以'大健康'观念为指导，全面、统筹考虑学校的健康教育工作，将健康教育教学、健康环境创设、健康服务进行有机结合，为学生践行健康行为提供支持，以促进学生健康发展的目标"。健康教育教学资源涉及健康教育课程资源、学生学习资源和教师培训资源等，北京市或各区、各学校应依据《北京市中小学健康教育指导纲要（试行）》构建教学与培训课程体系，编写中小学健康教育参考用书以及健康教育教师培训教材，经教育行政部门组织专家审定后方可使用。课程教学资源的管理、运用与开发应遵循以下原则：

● **教育性原则**：应贯彻党的教育方针，落实"立德树人"育人目标和"健康第一"的指导思想，根据有利于发展学生健康素养、帮助学生掌握生活技能、培养学生社会责任的健康教育理念，开发健康教育课程资源。

● **科学性原则**：应依据不同学段学生身心发展规律、需求，开发健康教育课程资源。

● **目的性原则**：应以发展学生的健康素养为宗旨，根据社会发展和个人发展需要，开发健康教育课程资源。

● **实效性原则**：应结合学生社会生活实际、学生生存与发展的需要，开发实用性、实践性的健康教育课程资源。

● **综合性原则**：应整合学校、家庭、社区、社会资源开发健康教育课程资源。

● **多样性原则**：应从学生全面发展的角度，以培养全面发展的人的目标，开发健康教育课程资源。

● **适时性原则**：应从动态、开放、发展的角度，开发健康教育课程资源，如2020年"新型冠状病毒"的预防等相关知识与技能。

第二节 中小学健康教育效果评价

一、中小学健康教育效果评价的依据

《北京市中小学健康教育指导纲要（试行）》指出："各区教育行政部门和学校应将健康教育实施过程与健康教育实施效果作为评价的重点，包括学生健康观念的建立、基本知识和技能的掌握和卫生习惯、健康行为的形成，以及学校对健康教育课程的安排、必要的资源配置、实施情况以及实际效果。"根据《北京市中小学健康教育指导纲要（试行）》的目标要求，以及《中国公民健康素养66条》《健康促进学校评定规范》等文件的内容，建立考核标准体系，将健康教育开展情况列入学校督导考核的重要指标，包括确立健康教育政策、措施与制度，开发健康教育资源（课程建设、教学管理等），设计健康环境，提供健康服务，学校健康教育经费执行情况，等等。

（1）健康教育学校管理评价依据。

根据《北京市中小学健康教育指导纲要（试行）》和《健康促进学校评定规范》的要求，各区教育管理部门应制定管理、监督、考核标准，评定各学校健康教育实施情况。

（2）健康教育课程评价依据。

健康教育课程是落实健康教育的重要形式之一，其评价包含了对课程与教学的过程、质量和效果所做的测量、分析与评定。实施效果评价的一个重要方面就是对学生学习效果的评价。评价学生健康知识与技能的掌握情况、健康行为改进的效果、健康意识和健康观念的转变以及维护健康社会责任感

是《北京市中小学健康教育指导纲要（试行）》目标和要求。通过学习反馈，考察学生健康知识与技能的掌握、健康行为与观念的形成是检查教学效果的重要内容之一，也是课程实施效果的评价方式。

（3）教师教学的评价依据。

学校健康教育是根据一定的社会要求和条件，以学校为基础进行的一系列有计划、有组织的以增进学生及学校全体人员健康为目的的系统教育活动。教师教学效果的检查、考核、评价需要根据实际设计评价指标。可以参考"美国中小学健康教育教师标准"（如表6-2所示），依据《北京市中小学健康教育指导纲要（试行）》的目标要求，制定教学效果检查、评价指标，对健康教育教师进行评价。

表6-2　美国中小学健康教育教师标准

维度	标准	标准描述
为学生学习做准备	关于学生的知识	1. 了解学生的认知状况、智力水平、心理素质及学习类型、知识与技能基础等都直接影响教学目的的达成。 2. 健康教学内容的实施，教师要研究学生，在了解学情的基础上实施教学。
	学科知识	健康教育的学科内容既广泛又有深度，健康教育内容具有综合性、连续性、发展性的特点，要求健康教育教师要具备广博的知识基础，包括生理、心理、情绪、社会、精神健康等。
	促进以技能为基础的学习	1. 明确技能的养成必须以知识为基础，并通过持续的练习，才能达成熟练的技能。 2. 以知识与技能为基础的健康教育课程学习，对学生健康态度和健康行为的养成有重要意义，如教师要向学生提供各种机会模仿、操作、强化相关的技能，以便学生在真实的生活场景中应用这些技能。 3. 以技能为基础的教学保证了学生学习健康教育的效果，使学生对健康教育的学习不局限于认知的层面，为学生提供大量的练习机会，让学生通过活动进行内化。
	课程选择	优秀的健康教育教师要会选择、计划、改编、评估课程来保证综合性健康教育的开展。一个有效的课程包括健康知识和技能，并帮助学生反思自己的健康习惯，将所学知识与日常生活结合起来，形成健康的生活方式。

续表

维度	标准	标准描述
促进学生学习	教学方法	1. 为学生创设良好的学习环境。 2. 提供多途径学习，教师应当了解学生的个性及学习方式，引导学生们通过不同的途径掌握关键问题，关注每一个学生，使整个班级学生的健康素养水平得到提高。 3. 创建能够吸引学生的学习任务，采用多种方法来完成任务。 4. 利用各种健康教育资源。 5. 有效利用时间，并根据情况对课程做出调整。
	对学生的高期望	帮助学生建立健康知识体系，掌握技能操作方法，帮助学生形成独立学习的能力。
	评估	健康教育教师要能够选择、设计、实施评价来评估学生的学习并改善教学。
	公平、公正、多样性	满足不同学生的需要。
支持学生学习	对同事、家庭、社区的合作	学生的健康需要学校、家庭、社区的共同支持，学生在校习得的健康行为需要在课外得以巩固。
	对专业的维护	适当地向学校管理部门、地方或州当局提出建议，与地方、州，甚至国家的政策制定者们形成建设性关系。
	反思性实践与专业成长	有效的反思能增强教师的创造力，激励教师的个人成长，利于巩固知识与课堂管理技能，增强专业性。

资料来源：National Board for Professional Teaching Standards. Health education standards-for teachers of students age 11-18+［EB/OL］. 2009-08-11：7-19；参考：孙秀宁《美国中小学健康教育教师专业化发展研究》

（4）健康教育资源评价依据。

根据健康教育课程资源开发的目标和要求，首先，要建立动态、开放、发展、创新的课程资源观，优化整合现有资源、校内外各种资源，丰富课程和教材内容、教学形式，有效落实《北京市中小学健康教育指导纲要（试行）》课程目标；其次，各区县教研部门或健康教育指导中心组织编写课程纲要，并鼓励各学校创造性地结合实际开发健康教育校本课程资源、健康教育活动资源；再次，注重学生健康知识与技能学习、健康行为养成过程中生成的教育教学资源，并将其转化为具有应用价值的再生资源。

二、中小学健康教育效果评价建议

1. 中小学健康教育学校管理的评价

健康教育管理评价、课程与教学评价、教师评价、学生学习评价、健康教育资源评价应在相对稳定的评价体系中，中小学健康教育管理评价建议见表6-3。

表6-3 中小学健康教育管理评价建议

评价内容	评价维度 I	评价维度 II
健康教育管理	设置组织管理机构	责任人、机构及成员设置合理（包括校医、教师、社区代表、家长等）
		学校与社区共建机构
		家校管理组织
	相关政策文件管理	相关政策文件落实
	制订相关计划	计划落实情况
	保障校园安全措施	校园安全管理条例及设施
		对突发事件有预案
		卫生环境符合标准
		传染病防控
	投入健康教育经费	合理运用经费
健康教育实施过程	配置资源	设立符合条件的卫生保健室
		专职卫生技术人员或保健教师
	健康教育课程	健康教育课程方案
		健康教育课程目标
		健康教育课程内容
		健康教育教学方法
	教师教学过程	对全体教职员工进行健康教育培训

续表

评价内容	评价维度 I	评价维度 II
健康教育实施过程	学生学习过程	学生的健康观念
		掌握基本知识和技能
		具有健康信息素养
		具有卫生习惯、健康行为
健康教育实施效果	健康教育综合评价的反馈	健康教育管理评价
		健康教育课程与教学评价
		健康教育师资评价
		健康教育资源评价

词汇释义

> **健康促进学校：** 指通过学校及学校所在社区的共同努力，全面积极地促进并保护学生及教职员工健康的组织机构。评定内容包括学校健康政策、学校物质环境、学校社会环境、学校社区关系、个人健康技能及学校健康服务等六项内容。

2. 健康教育课程与教学的评价

有学者指出，"课程评价的范围和内容包括对教师的评价、对学生的评价和对教学过程的评价；课程评价的方法包括心理测量评价法、档案袋评价法和情境式评价法；课程评价过程包括准备、实施与反馈等三个阶段""从课程的要素来看，课程并不仅仅是指课程内容，还包括如何教、教学内容如何组织以及如何评价等"。健康教育课程与教学评价从健康教育课程构建与实施效果的评价、学生学习效果的考核与评价，到教师教学评价以及教学资源评价应该是一个相对稳定的动态的过程。

（1）健康教育课程构建与实施效果评价。

健康教育课程评价要依据《北京市中小学健康教育指导纲要（试行）》

指导思想和基本理念以及目标要求，结合各学校实际情况开展，包括健康教育课程构建、课程设计与实施、教学研究、健康教育宣传活动、健康教育资源开发的宏观协调和针对性指导，以及健康教育的落实情况和健康教育效果。

（2）学生学习效果的考核与评价。

对学生学习健康课程的评价应以健康的生活方式和行为为核心，以健康知识与技能为基础，以健康意识为引导和支撑，关注学生生活方式和行为的改变，而不仅仅是知识与技能的考核评价。因此，对学生健康教育学习评价应该是多方面、多视角、多维度的，最终达到帮助学生形成健康的生活方式和行为，同时具有良好的社会责任感。

- 学生健康知识、技能、行为评价。对中小学生健康教育的学习情况进行评价，要明确评价目标和评价内容；评价方法应多元，定量评价与定性评价相结合，诊断评价与结果评价相结合，过程评价与终结评价相结合；评价信息的收集，可采用观察、访谈、问卷、成长档案袋评价等相结合的方式。同时，要关注评价结果的反馈、分析及评价建议，为改进学习提供帮助。依据《北京市中小学健康教育指导纲要（试行）》具体内容及要点，健康教育学习效果评价内容如表6-4所示。

- 学生健康素养评价建议。中小学生健康素养是指学生在学习健康知识和技能过程中逐渐发展起来的，具有获取、甄别和利用健康信息、产品和服务并做出正确决策的能力，以维护和促进自身及他人健康。健康知识、健康技能、健康意识和健康行为与生活方式构成了健康素养的四个关键方面。（胡玉华，2019）根据健康素养的内涵以及中小学生健康素养评价指标体系，形成中小学生健康素养评价建议。（见表6-5）

表 6-4 健康教育学习效果评价内容

学段	维度	《北京市中小学健康教育指导纲要（试行）》具体内容及要点							建议评价与考核方式
		个人卫生习惯（评价要点略）	生长发育与健康（评价要点略）	营养与健康（评价要点略）	疾病预防（评价要点略）	烟草、酒精与毒品（评价要点略）	心理健康（评价要点略）	运动与健康（评价要点略）	安全应急与避险（评价要点略）	
学段一（1-2年级）	知识与观念									评价目标：帮助学生掌握健康知识，形成健康行为，逐渐形成健康意识。 评价内容：参考评价内容要点。 评价类型：诊断性评价，过程评价与终结评价相结合。 评价方法：调查，观察等。 评价主体：教师评价，自评，互评相结合。 评价建议：以教师评价为主。问卷调查法，访谈评价法，"档案袋"评价法（健康教育活动评价等）。
	技能与行为									
	生活方式与责任感									
学段二（3-4年级）	知识与观念									评价目标：指导学生掌握健康知识，掌握健康技能，形成健康行为，逐渐形成健康观念。 评价内容：参考评价内容要点。 评价类型：诊断性评价，过程评价与终结评价相结合。 评价方法：调查，观察，测验等。 评价主体：自评，互评，教师评价相结合。 评价建议：以互评与教师评价为主。问卷调查法，访谈评价法，"档案袋"评价法，情境评价法。
	技能与行为									
	生活方式与责任感									

续表

学段	维度	《北京市中小学健康教育指导纲要(试行)》具体内容及要点							建议评价与考核方式
		个人卫生习惯（评价要点略）	生长发育与性健康（评价要点略）	营养与健康（评价要点略）	疾病预防（评价要点略）	烟草、酒精与毒品（评价要点略）	心理健康（评价要点略）	运动与健康（评价要点略）	安全应急与避险（评价要点略）	
学段三（5-6年级）	知识与观念									评价目标：指导学生掌握健康知识，掌握健康技能，形成健康行为，形成健康观念。 评价内容：参考评价内容要点。 评价类型：诊断性评价、过程评价与终结评价相结合。 评价方法：测验、作业、观察等。 评价主体：自评、互评、教师评价相结合。 评价建议：以互评与教师评价为主。问卷调查法、访谈评价法、"档案袋"评价法、情境评价法、健康教育活动评价法、心理测验评价法。
	技能与行为									
	生活方式与责任感									
学段四（7-9年级）	知识与观念									评价目标：指导学生掌握健康知识，掌握健康技能，形成健康行为，具有健康观念和维护健康的责任感。 评价内容：参考评价内容要点。 评价类型：诊断性评价、过程评价与终结评价相结合。 评价方法：测验、作业、观察、问卷、考试等。 评价主体：自评、互评、教师评价相结合。 评价建议：以互评与教师评价为主。问卷调查法、访谈评价法、"档案袋"评价法、情境评价法、健康教育活动评价法、心理测验评价法。
	技能与行为									
	生活方式与责任感									

续表

学段	维度	《北京市中小学健康教育指导纲要（试行）》具体内容及要点							建议评价与考核方式
		个人卫生习惯（评价要点略）	生长发育与性健康（评价要点略）	营养与健康（评价要点略）	疾病预防（评价要点略）	烟草、酒精与毒品（评价要点略）	心理健康（评价要点略）	运动与健康（评价要点略）	安全应急与避险（评价要点略）
学段五（10—12年级）	知识与观念									评价目标：指导学生掌握健康知识，掌握健康技能，形成健康行为，具有健康观念和维护健康的责任感，能积极参加与开展国际人道主义项目。 评价内容：参考评价内容要点。 评价类型：诊断性评价、过程评价与终结评价相结合。 评价方法：测验、作业、观察、问卷、考试等。 评价主体建议：自评、互评、教师评价相结合。 评价建议：以互评与教师评价为主。问卷调查法、访谈评价法、"档案袋"评价法、情境评价法、健康教育活动评价法、心理测验评价法。
	技能与行为									
	生活方式与责任感									

备注：（1）考察学生健康教育知识、技能、行为的方式，可通过问卷、观察、访谈、行为自我评价、小组评价、教师评价、家长评价、社区评价相结合。（3）学校还可将《中小学生常规管理》《学生健康行为规范》《师生健康管理条例》等纳入学校健康教育的行为反馈中，师生共同遵守健康行为规范，强化健康教育人的本质，实现大健康教育的目标。

表 6-5　中小学生健康素养评价建议

一级指标	二级指标	三级指标	具体内容描述	学段	等级 优秀	等级 一般	等级 待提高
健康知识	1. 身体健康知识	1. 生长与发育	1. 处于不同学段的学生，根据认知特点，了解身体各器官、系统的分化完善与功能成熟的变化。	水平一至水平五（1-12年级）（使用中小学生健康素养评价建议时，要基于不同阶段学生认知、技能形成特点及价值观形成规律，针对不同水平，进一步描述）			
		2. 传染与慢性病	2. 处于不同学段的学生，根据认知特点，了解传染病是各种病原体引起的能在人与人、动物与动物或人与动物之间相互传播的一类疾病，病原体侵入机体，削弱机体防御机能，破坏机体内环境的相对稳定性，并在一定部位生长繁殖，引起不同程度的病理生理过程，并表现出临床症状。				
		3. 安全用药	处于不同学段的学生，根据认知特点，了解慢性病是以心脑血管疾病、糖尿病、恶性肿瘤、慢性阻塞性肺部疾病、精神异常和精神病等为代表的疾病，具有病程长、病因复杂、损害健康和社会危害严重的特征。				
		4. 环境健康	3. 处于不同学段的学生，根据认知特点，了解个人的基因、体质、病情、家族遗传病史和药物的成分等，能准确地选择药物，同时可以适当的方法、适当的剂量在适当的时间准确用药。				
		5. 规章制度	4. 了解环境对人类健康的影响，掌握保持生态系统平衡以及保护环境的相关知识。				
			5. 了解规章制度的内涵及为什么要遵守规章制度。				
	2. 心理健康知识	6. 自我认识	学会客观分析评价自我，形成积极的自我概念，如自我兴趣、性格特点，客观评价自我的方法等。				
		7. 健全人格	具有积极的心理品质，自信自爱、坚韧乐观；有自制力，能调节和管理自己的情绪，具有抗挫折的能力等。				
		8. 学会学习	掌握有效的学习方法和策略，如学习动机、学习兴趣、学习态度、学习习惯等。				
		9. 生涯规划	了解社会分工与产业结构升级的变化，通过不断地提升自我认识，逐渐形成正确的人生观、价值观，能做好人生规划和职业选择。				

续表

一级指标	二级指标	三级指标	具体内容描述	学段	等级		
					优秀	一般	待提高
健康技能	3.社会适应性知识	10.人际交往	10.正确认识亲属关系、朋友关系、同学关系、师生关系、雇佣关系等。知道每个个体均有其独特的思想、背景、学习、生活、个性、态度、行为模式及价值观,人际关系对每个人的情绪、学习、生活、工作有很大的影响。				
		11.暴力预防	11.了解针对暴力的保护性因素以及暴力的形式,掌握能够采取行动保护自己避开暴力的一些方法,避免遭受暴力。				
		12.网络安全	12.知道通过采用各种技术和管理措施,使网络系统正常运行,从而确保网络数据的可用性、完整性和保密性。掌握避免青春期的性伤害以及在网络中自我保护的措施和方法。				
	4.认知技能	13.沟通技巧	13.能够认识和选择最佳的沟通方式,有礼貌地传递出清晰的信息;耐心听取他人的意见和建议;与他人交流中确保双方彼此明白或理解对方的意思。				
		14.获取信息、产品和服务的技能	14.明确自己需要的健康信息、产品和服务以及获得这些健康信息、产品和服务的方式;同时能够评估或确定这些健康信息、产品和服务的真实效果。				
	5.操作技能	15.做负责任的决定的技能	15.了解学校及社会的健康促进政策及法律法规,提升健康水平,减少疾病的发生;能根据家庭、学校、社会文化环境变化对事物做正确判断,并能对个人、家庭、学校、社会行为做正确的判断。				
		16.实践健康行为的技能	16.了解健康是一种行为,能以正确的方式实施这种健康行为;在实践过程中遇到困难,能主动去寻求帮助,把健康行为转变成一种习惯。				

第六章 中小学健康教育的实施和效果评价 · 219

续表

一级指标	二级指标	三级指标	具体内容描述	学段	等级 优秀	等级 一般	等级 待提高
健康意识	6.健康察觉	17.理解健康的概念	知道健康知识与健康技能的获得、健康行为的养成与维护、健康意识和观念的形成需要理解健康的内涵。				
		18.分析影响健康的因素	认识和分析健康具有正反两方面的影响，知道健康价值观、生活理念、道德标准等一系列观念是影响自己和他人健康行为与习惯的因素。				
	7.健康态度	19.倡导健康理念	知道健康包括躯体健康、心理健康、社会适应良好和道德健康四个方面，健康知识与技能的获得和健康促进，需要通过健康教育过程实现，能自觉主动接受健康教育。				
		20.积极应对健康问题	能够正确评价健康的行为及行为倾向，并用积极的态度采取措施和对策应对个人、他人、家庭、学校、社会出现的有关健康的问题或事件。				
健康生活方式与行为	8.生活方式与习惯	21.个人卫生习惯	掌握正确的个人卫生知识，养成良好的卫生习惯，如个人卫生、环境卫生、公共卫生、保健常识等。				
		22.营养与膳食	了解食物对人类生活的重要性，理解膳食平衡对健康的意义，养成健康饮食习惯，如营养物质、膳食的选择、膳食平衡、食品安全等。				
		23.心理调节与调节	能有效处理各种情绪困扰，获得积极的情绪体验，如情绪觉察与表达、情绪管理、调节情绪的方法等。				
		24.适量运动	了解体育运动对身体健康的作用，掌握体育运动技能和规则，学会体育运动中的自我保护措施，如体能发展计划、提升身体素质的方法、运动伤害预防等。				

续表

一级指标	二级指标	三级指标	具体内容描述	学段	等级 优秀	等级 一般	等级 待提高
		25. 烟草、酒精、毒品	了解烟、酒、毒品以及滥用药品的危害，掌握安全用药常识，远离不良嗜好人群等。				
	9. 卫生服务利用	26. 利用基本公共卫生服务的能力	能够接受、利用疾病预防控制机构及公益性的公共卫生措施认识疾病并积极预防，根据自己的能力做好"公共卫生"的宣传工作（高中）。				
		27. 就医行为	对身体的各种征兆做出反应，主动进行检测，了解其原因，采取积极治疗措施，利用各种正式和非正式的保健资源，保持健康的行为。				

备注：基本公共卫生服务，是指由疾病预防控制机构、城市社区卫生服务中心、乡镇卫生院等城乡基本医疗卫生机构向全体居民提供的公益性的公共卫生服务。基本公共卫生服务均等化有三方面含义：一是城乡居民，无论年龄、性别、职业、地域、收入等，都享有同等权利；二是服务内容将根据国力改善、财政支出增加而不断扩大；三是以预防为主的服务原则与核心理念。

参考：琳达·米克斯，菲利普·海特. 健康与幸福［M］. 雷雳，译. 浙江教育出版社，2017. 张容瑜，尹爱田，Shi Lizheng, Liu Jinan, 安健. 就医行为及政策影响因素研究进展［J］. 中国公共卫生，2012（6）.

- 学生健康行为方式的自我评价。健康行为指人们为了增强体质和维持身心健康而进行的各种活动，如充足的睡眠、平衡的营养、健康的运动观念等。拥有健康行为不仅能够不断增强体质，维持良好的身体和心理健康，还能预防各种不良行为和心理因素引起的疾病，同时健康行为也能帮助人们养成健康习惯、健康生活方式。在日常生活中，多发病、常见病的发生一般多与不良的行为因素和不健康的心理因素有关。因此，通过改变学生的不良行为、不良生活习惯，养成良好的、健康的行为习惯，对预防疾病的发生、养成良好的健康行为和生活方式有重要作用。3年级小学生健康行为的自我评价见表6-6。

表6-6　3年级小学生健康行为的自我评价

维度	健康行为	不健康行为	评价等级			
			A	B	C	D
身体健康	充足的睡眠，吃健康食物，积极参加户外活动。	经常睡懒觉，吃高糖和高脂肪的食物以及偏食，长时间看电视。				
心理和情绪健康	关注自己的感受，做自己喜欢的事，主动学习新事物。	忽略自己的感受，对事物感到厌倦，拒绝尝试新事物。				
家庭及社会适应	帮助家庭成员，和同学、朋友友好相处，避免与人争执和冲突。	当家庭成员遇到问题寻求你的帮助时表现出不耐烦或抱怨，背后说同学的坏话，和同学打架。				
道德及法制	孝敬父母和师长，遵守交通规则。	不孝敬父母和师长，不遵守交通规则。				

备注：评价等级A为最高级

参考：琳达·米克斯.健康与幸福（三年级上）[M].浙江教育出版社，2017.《义务教育思想品德课程标准（2011年版）》《小学道德与法制课程标准》.

3. 教师教学评价

《"健康中国2030"规划纲要》指出"以中小学为重点，建立学校健康教育推进机制。构建相关学科教学与教育活动相结合、课堂教育与课外实践相结合、经常性宣传教育与集中式宣传教育相结合的健康教育模式",因此对健康教育教师的教学评价应从课程教学和活动设计与组织管理的角度评价。

(1) 教师课堂教学评价。

健康教育教师教学评价是一个动态的过程,对教师理解课程和教学、监控教学过程、了解学生学习状况和教学效果,帮助改进教学有重要作用。健康教育教师评价建议见表6-7。

表6-7 健康教育教师评价建议

评价项目	评价要点
健康教育课程及教学规划	1. 依据《北京市中小学健康教育指导纲要(试行)》的要求,健康教育教师能针对需求选择、计划、改编、构建健康教育课程框架或体系。 2. 理解健康教育课程目标、内容要求,并根据学段特点整体规划健康教育内容和活动方式,合理安排课时等。 3. 基于学段特点,明确健康教育教学目标,培养学生的健康素养。
健康教育内容分析	1. 能够整体把握健康教育核心内容。 2. 将健康教育内容与学生具体的日常生活情境相结合,使学生易于接受。
学习者分析	教学前对学生已有的健康知识基础、健康技能、健康行为进行分析,基于分析诊断学生学习过程中存在的问题,预设学生素养发展的学习目标。
教学目标	1. 健康教育教学设计需明确相关课时应掌握的核心内容和核心技能。 2. 健康教育教学目标设计应具体、可操作、可检测、可达成。
教学方法	根据内容选择恰当的教学方法,如,讲解法、直观演示法、实践操作指导法、练习法(学生实践操作)、情境教学、角色扮演、游戏、案例分析等。
教学活动	1. 向学生提供各种机会模仿、实践、强化相关的健康技能,学生能在真实的生活场景中应用健康技巧。 2. 健康教育实施过程中,关注以技能学习为基础的健康课程的实践活动,关注实践活动对学生健康态度和观念的影响。 3. 健康教育实施过程中,教师应围绕学习主题、学习资源,营造良好学习环境(心理、身体、环境等),关注生活中的真实问题,创设健康教育学习情境,同时有效利用课堂教学中生成的教育资源。

续表

评价项目	评价要点
教学活动	4. 健康教育教学过程中，能对预见的和突发的事件进行有效调控和解决。 5. 健康教育教学过程中，给学生充分的空间和机会进行独立思考、实践学习和交流；并引导学生基于具体问题深入讨论，在此基础上，形成健康行为和健康观念。
教学效果	1. 结合健康教育目标，健康教育知识、技能、学习任务及学习评价内容，说明与解释教学目标达成情况，不同层次学生提高和改变的程度。 2. 分析学生在健康教育课程知识与技能学习中，学习兴趣、态度、参与程度的表现和原因，为进一步改进健康教育课堂学习效果提供建议。
教学评价	1. 基于健康教育目标达成度，对教学设计、教学过程、教学效果进行有效分析。 2. 按照课程与教学实施前制定的健康教育评价目标、评价内容、评价标准、评价方式进行综合评定。
备注：	

（2）教师健康教育活动组织评价。

健康教育课程是一门实践性较强的课程，其课程形态也多种多样，因此教师设计、组织、实施健康教育活动的能力也是教师教育能力、保障健康教育效果的重要方面。健康教育活动设计评价建议见表6-8。

表6-8 健康教育活动设计评价建议

一级指标	二级指标	三级指标	评价要点	评价等级			
				A	B	C	D
健康教育活动设计	活动主题及内容	符合实际和学生需要	1. 活动主题鲜明，符合学生需要、年龄及身心发展特点。 2. 活动内容符合地区特点和学校需要。 3. 活动设计符合健康教育课程方案要求。				

续表

一级指标	二级指标	三级指标	评价要点	评价等级			
				A	B	C	D
健康教育活动设计	活动目标	明确具体	1. 活动目标明确，有可检验的指标或标准，具体、可操作、可检测。 2. 活动应充分体现教育性和实践性特点。 3. 活动目标能够促进学生健康知识学习、技能掌握和观念形成。				
	活动环节	清晰可操作	1. 符合健康教育实践活动的特点。 2. 注重健康教育实践活动设计步骤、环节、方法的可行性。 3. 活动设计应本着科学性原则，能突出针对性、实效性特点。 4. 实践活动应基于重点解决的问题而设计。 5. 活动安全预案，以及对突发情况的应对策略。				
健康教育活动实施	教师指导与引导	教师指导的方式与方法	1. 活动指导中，关注每一个细节和每一位学生。 2. 讲解清楚，操作步骤具体，指导耐心。 3. 活动组织与管理方式符合主题内容的要求、学段特点需求以及环境条件的保障。				
	学生实践与参与	学生的参与度和实践效果	1. 学生积极参与活动（提前有评价指标），兴趣浓厚。 2. 学生间相互帮助，组织纪律性强，有责任感。 3. 学生积极反馈学习体验和学习收获，并主动分享。				
健康教育活动效果与评价	学生发展	学生掌握健康技能	1. 通过健康教育实践活动，学生形成健康技能（根据活动目标、内容、方法提前设计评价方式）。 2. 在健康教育活动过程中，学生形成健康的价值观念（通过系列活动，或访谈、问卷、观察、档案袋等方式）。 3. 健康教育实践活动提升学生自我管理能力，相互帮助的责任感，以及同学间的友谊（通过系列活动，或访谈、问卷、观察、档案袋等方式）。				

续表

一级指标	二级指标	三级指标	评价要点	评价等级 A	B	C	D
健康教育活动效果与评价	教师发展	教师深刻认识健康教育实践活动价值	1. 健康教育活动中，教师的健康教育教学能力（设计、组织、实施、管理、评价）。 2. 与学生沟通的能力。 3. 解决活动中突发问题的能力。				
		新型师生关系构建	通过健康教育实践活动，教学相长，形成相互信任、和谐的师生关系。 教师的亲和力、亲切感。				
备注：评价等级 A 为最高级。							

4. 健康教育课程资源评价

健康教育教材编写应根据"立德树人"的育人目标和"健康第一"的指导思想，依据《北京市中小学健康教育指导纲要（试行）》课程目标及内容要求，构建横向一致、纵向贯通的健康教育课程教材体系，还应以帮助学生掌握健康知识与技能、形成健康生活方式和良好的日常行为习惯、培养学生健康素养和社会责任感为宗旨。在遵循教材编写逻辑性的基础上，从学生学习的逻辑和特点出发，激发学生动机和兴趣，体现学生的主体性，引导他们积极参加健康教育学习和实践活动。其他健康教育资源，如读本、手册等应体现健康教育课的特点，体现知识性、实践性、操作性、互动性，引导学生在掌握知识与技能的基础上，形成健康的意识和观念，以及社会责任感。

参考文献

[1] 中华人民共和国教育部.义务教育体育与健康课程标准（2011年版）[M].北京：北京师范大学出版社，2015.

[2] 中华人民共和国教育部.普通高中体育与健康课程标准（2017年版）[M].北京：人民教育出版社，2018.

[3] 李森，陈晓端.课程教学论[M].北京：北京师范大学出版社，2015.

[4] 皮连生.教学设计——心理学的理论与技术[M].北京：高等教育出版社，2000.

[5] 杨廷乾，接园，高文涛.青少年欺凌防治教育研究加拿大安大略省校园预防欺凌计划研究[J].比较教育研究，2016（4）.

[6] 孙秀宁.美国中小学健康教育教师专业化发展研究[D].济南：山东师范大学，2010.

[7] 彭艾平，蒋泓，刘萌，许洁霜，陈玉华.学校健康促进对上海外来务工人员随迁子女健康知识和行为的影响[J].中国妇幼保健，2013（2）.

[8] 北京市地方标准.健康促进学校评定规范[S].北京市质量技术监督局，2016.

[9] 蔡晨笑.基于RE-AIM模式的中小学健康教育课程评价[J].教育测量与评价，2017（1）.

[10] 王凯.美国课程标准之评价标准的比较、评价与借鉴[J].比较教育研究，2004（1）.

[11] 李琛.关于美国教师专业化发展的初步研究[D].福州：福建师范大学，2003.

[12] 王建平，纪湘懿.美国国家标准学校健康教育课程模式及评价[J].外国教育研究，2004（10）.

[13] 肖燕云.学校健康教育教学模式及效果评价研究——以重庆市中小学为例[D].重庆：西南大学，2012（5）.

[14] 胡玉华，李健，徐扬，王钦忠.提升健康素养 培育健康少年——中小学健康教育内容体系的设计与构建[J].中小学管理，2018（12）.

[15] 李健，胡玉华.大健康视域下学校健康教育体系的构建[J].中小学管理，

2018，（8）．

［16］孙亚文，冯震．日本中小学的健康教育发展及其启示［J］．外国中小学教育，2019（7）．

［17］李玲玲，郭兰，吴颖，殷茵．心理健康教育课程评价方法研究综述［J］．湖北经济学院学报（人文社会科学版），2010（4）．

［18］YATES C. Exploring variation in the ways of experiencing health information literacy：a phenomenographic study［J］．*Library & Information Science Research*，2015，37（3）．

［19］姚志珍，周兰妹．健康信息素养测评工具的研究进展［J］．中国全科医学，2018（4）．

［20］原芳．英国PHSE课程探析［D］．长春：东北师范大学，2010．

图书在版编目（CIP）数据

中小学健康教育：理论与实施策略/胡玉华主编．—上海：华东师范大学出版社，2022
ISBN 978-7-5760-2762-4

Ⅰ.①中… Ⅱ.①胡… Ⅲ.①健康教育—教学研究—中小学 Ⅳ.① G637.9

中国版本图书馆 CIP 数据核字（2022）第 053345 号

大夏书系·课程建设

中小学健康教育：理论与实施策略

主　　编　胡玉华
责任编辑　任红瑚
责任校对　杨　坤
封面设计　百丰艺术

出版发行　华东师范大学出版社
社　　址　上海市中山北路 3663 号　邮编　200062
网　　址　www.ecnupress.com.cn
电　　话　021-60821666　行政传真　021-62572105
客服电话　021-62865537
邮购电话　021-62869887　地址　上海市中山北路 3663 号华东师范大学校内先锋路口
网　　店　http://hdsdcbs.tmall.com/

印 刷 者　北京季蜂印刷有限公司
开　　本　700×1000　16 开
插　　页　1
印　　张　15
字　　数　190 千字
版　　次　2022 年 7 月第一版
印　　次　2022 年 7 月第一次
印　　数　4 000
书　　号　ISBN 978-7-5760-2762-4
定　　价　58.00 元

出 版 人　王　焰

（如发现本版图书有印订质量问题，请寄回本社市场部调换或电话 021-62865537 联系）